保育者養成校で学ぶ学生のための

保育入門

岡崎女子短期大学
幼児教育学科

JN119172

執筆者一覧

✏ 執筆者（五十音順）

あさだ あすか 浅田明日香	岡崎女子短期大学	………………………	第1部第1章
いちのお しほ 一ノ尾志保	岡崎女子短期大学	………………………	第2部第3章
いとう りえ 伊藤　理絵	岡崎女子短期大学	………………	第2部第1章、第4部第2章第3節
うめした ひろき 梅下　弘樹	岡崎女子短期大学	………………………	第2部第5章
おばら みきよ 小原　幹代	岡崎女子短期大学	………………………	第4部第1章
さくらい たかひろ 櫻井　貴大	岡崎女子短期大学	………………………	第4部第2章第4節
すずき ほなみ 鈴木　穂波	岡崎女子短期大学	………………	第3部第2章、第4部第2章第5節
すずき まさこ 鈴木　方子	岡崎女子短期大学	………………………	第2部第2章
たきざわ 滝沢ほだか	岡崎女子短期大学	………………………	第4部第2章第6節
たけだ やすよ 武田　康代	岡崎女子大学	………………………	第2部第4章
つきやま たかひこ 築山　高彦	岡崎女子短期大学	………………………	第1部第2章第2節
なかだ まさみ 仲田　勝美	岡崎女子短期大学	………………………	第1部第2章第1節
にしかわ ゆみこ 西川由美子	岡崎女子短期大学	………………………	第5部
のだ みき 野田　美樹	岡崎女子短期大学	………………	第2部第2章、第4部第1章
ひらお のりつぐ 平尾　憲嗣	岡崎女子短期大学	………………………	第3部第4章
ほんだ いくこ 本田　郁子	岡崎女子短期大学	………………………	第3部第3章
まるやま えりか 丸山笑里佳	岡崎女子短期大学	………………………	第1部第2章第3節
みずの きょうこ 水野　恭子	岡崎女子大学	………………………	第4部第2章第1節
やました すすむ 山下　　晋	岡崎女子短期大学	………………………	第3部第1章
やまだ ゆり 山田　悠莉	岡崎女子短期大学	………………………	第4部第2章第6節
よこた のりこ 横田　典子	岡崎女子短期大学	………………………	第4部第2章第6節
わたなべ つとむ 渡部　　努	岡崎女子短期大学	………………………	第4部第2章第2節

はじめに

　この度、岡崎女子短期大学の教員が中心となって、本書『保育者養成校で学ぶ学生のための　保育入門』を刊行いたしました。

　本書は、保育に興味や関心をもっている方、保育者を目指そうと思っている方、保育者養成校に入学したばかりの方などを読者として想定しています。また、身近に保育者を目指そうとしている方の姿を見て、「子どもと過ごす生活はさぞや楽しいだろう」とか「保育とはどのような仕事なのだろうか」「保育者をめぐるニュースには芳しくないことがあるけれど、実際はどうなのだろうか」など、想像したり少々不安を含んだ関心をもっている方々にも、ぜひ読んでいただきたい「入門書」でもあります。

　保育者養成校に入学したばかりの学生は、「子どもが好き」「なぜか子どもに懐かれる」「子どものために何かをしてあげたい」などの言葉を、保育者を目指した理由にあげることがよくあります。このような感性や動機は、とても大切なことです。そして学んでいくうえで大きな力にもなります。

　ところが、養成校に入学して保育者への学びが進むにつれて、中には「保育という仕事は自分には向いていないかもしれない」とか「本当に自分は保育者になってよいのだろうか」などの迷いを感じる方もいます。最初は、「自分は……だから」という、自分の気持ちや見通しで保育者を目指したのですが、子どもや保育について、論理的に、また体系的に、あるいは科学的に理解を深めるにつれ、自分の個性や適性を客観的に理解し、専門家として保育の道を目指すことに、ためらいや不安を覚えることがあるからです。

　このような不安やためらいを自分の中に抱えつつも、クラスの友達やゼミの仲間と意見を交わし合ったり、プレゼンテーションを参観したりしていくうちに、自分なりの答えや解決策を見つけることもあります。実習を通して子どもたちや保育者、時には保護者と出会って、それまでの自分の理解の仕方や考え方を修正したりすることもあります。このように、行きつ戻りつしながら、さらに学びを継続し深めていくと、徐々に、不安やためらいは、「もっと知りた

い」「もっと多くを身に付けたい」という課題や欲求へと変わり、次のステップの深い学びを求める自分に気付くことになるのです。

　本書は、保育という営みの奥深さや面白さ、子どもという存在の尊さと素晴らしさ、子どもとともに在る保育者という専門家の魅力や力強さ、豊かな感性やしなやかさに、少しでも触れていただきたいと願って誕生しました。

　「子どもが好き」「子どものために何かをしてあげたい」と感じている心は宝物です。この宝物と、本書を通して学んでいただいたことを糧に、保育者への道を歩んでくださることを期待しています。

　2021年2月

　　　　　　　　　　　岡崎女子大学・岡崎女子短期大学 学長　　林 陽子

目次

第 1 部

保育者の役割

保育・教育における保育者の役割

1 ······ 保育とは？

①保育の歴史

　幼稚園や保育所、幼保連携型認定こども園など、子どもたちを集めて行う保育の歴史は、人類の歴史の中でみると、比較的新しい営みです。世界で最初の幼稚園は、ドイツにできました。この幼稚園をつくったのは、フレーベル（Fröbel, F. W. A.）です。フレーベルは、遊びは子どもが育つうえでとても重要だと考えました。また、日本の保育に大きく貢献した人物としては、倉橋惣三が有名です。彼は、子どもの自ら育とうとする力に注目しました。このようなフレーベルや倉橋の考え方は、現在の保育にも受け継がれています。幼稚園や保育所などでは、遊びを通しての学びや、子どもの主体性を大事にしています。後ほど詳しく説明しますが、保育の歴史を学ぶことが保育そのものの理解につながります。

　遊びを通しての学びや子どもの主体性を大事するためには、子ども理解をふまえたうえでの保育を行う必要があります。そこで問われるのが保育の質です。近年、世界中の多くの国が、幼い子どもの教育に注目するようになってきました。子ども研究の成果として、恵まれない家庭に生まれた子どもが、優れた保育によって社会的に成功する傾向にあることが分かったのです。また、社会的に成功する人が増えれば、社会全体が豊かになります。このような理由もあって、保育の質を高めようと熱心に取り組む国が増えました。

　みなさんが大学に入ってからは、保育の歴史についてさらに詳しく学ぶことになります。先ほども述べたように、フレーベルや倉橋の考え方は現在の保育に受け継がれています。また、最新の研究成果も優れた保育実践も、その多くが保育の歴史をふまえて成り立っています。つまり、保育の歴史が、現在の保育のあり方に大きな影響を与えているのです。そのため、保育の歴史を学ぶことを通して、保育をより深く理解することができます。過去を知ることは、現在をより良いものにするのに役立つのです。

②保育所保育指針

　国が示す保育所での保育のガイドラインを、「保育所保育指針」といいます。厚生労働省が作成する保育所保育指針は、ほぼ10年に１度、見直しが行われています。一番新しい指針は、2017（平成29）年にできたものです。

　もともと厚生省（今の厚生労働省）は、1950（昭和25）年に「保育所運営要領」をつくっていました。しかし、これに代わり1952（同27）年に「保育指針」をつくりました。その後、1965（同40）年に、文部省（今の文部科学省）と話し合いを行い、保育所の機能のうち教育に関するものは、幼稚園のガイドラインである「幼稚園教育要領」と同じにすることを決め、保育所保育指針を刊行しました。また、幼保連携型認定こども園のガイドラインである「幼保連携型認定こども園教育・保育要領」でも、教育に関するものは幼稚園教育要領と同じになっています。こうして、幼稚園、保育所、幼保連携型認定こども園では、教育に関する部分は同じ内容を行うことになりました。つまり、幼稚園、保育所などでそれぞれ取り組まれてきた保育を一元化しようとする大きな動きがあるのです。

　では、実際に保育所保育指針を保育現場ではどのように扱っているのでしょうか。「保育所保育指針解説」の中の「保育所保育指針の基本的考え方」では、次のように書いてあります。

　各保育所では、保育所保育指針を日常の保育に活用し、社会的責任を果たしていくとともに、保育の内容の充実や職員の資質・専門性の向上を図ることが求められる。

　これは「保育所で子どもを育てることは社会にとって重要です。その責任を果たせるように保育所保育指針を読んで、毎日の保育に役立ててください」ということです。そのため国中にある保育所では、保育所保育指針を読んで、保育の道しるべとしています。みなさんも大学で保育を学ぶ中で、繰り返し保育所保育指針を読むことになるでしょう。なお、保育所保育指針が保育所保育の道しるべであるように、幼稚園では幼稚園教育要領が、幼保連携型認定こども園では幼保連携型認定こども園教育・保育要領がそれぞれ道しるべになります。

2 …… 教育とは？

①制度と法律

　日本の教育は、教育制度と教育に関する法律によって枠組みが決まっています。それは、日本が法律に基づいて物事を行う法治国家だからです。日本の法体系の中で最も上位にあるのが、日本国憲法です。第26条には「すべての日本国民には、教育を受ける権利がある」と規定されています。日本国憲法にそうある以上は、国は教育を受ける機会を国民に提供する責任があります。そのため、国が法律に基づいて教育制度を整備しているのです。子どもに限っていえば、国連でたくさんの国の代表が集まってつくった「児童の権利に関する条約（子どもの権利条約）」があります。日本政府は、この条約に示された子どもの権利を守ると、国連に約束しました。子どもの権利の一つには、教育についての権利があります。日本政府には、子どもたちが「いろんなことを勉強しながら、育っていけるようにしなきゃいけない」[1]と求めています。

　では、子どもたちがいろいろなことを学ぶために、どのように教育制度が整えられているのでしょうか。ここでは、幼児教育に絞って見てみましょう。日本の学校教育制度の基本を定める法律を、「学校教育法」といいます。学校教育法の第1条に、学校の種類が規定されていますが、その中に幼児教育を行う幼稚園が含まれています。つまり、幼稚園は小学校や中学校などと同じで、学校なのです。ただし、幼稚園では「保育」を行うことがその目的となっています。学校教育法第22条には、幼稚園は、「幼児を保育し、幼児の健やかな成長のために適当な環境を与えて、その心身の発達を助長することを目的とする」と規定されています。このことから幼稚園の目的は保育を行い、幼稚園に通う子どもの心身の発達を助けることだと分かります。そして、第26条には、「幼稚園に入園することのできる者は、満3歳から、小学校就学の始期に達するまでの幼児」とあります。以上のことから、幼稚園は、満3歳から小学校入学までの子どもの心身の発達を助ける学校であることが分かります。では次に、幼稚園での保育内容について、国の方向性を示す幼稚園教育要領に基づいて説明しましょう。

②幼稚園教育要領

　幼稚園教育の基準として文部科学大臣が
示した要領を、幼稚園教育要領といいます。
幼稚園ではこの幼稚園教育要領を読んで、
それぞれの園で幼稚園教育をどのように行
うか考えるのです。

　先ほど述べたように、幼稚園は学校です。
しかし、みなさんのイメージする幼稚園は、子どもが伸び伸び遊んでいる幼稚
園ではないでしょうか。幼稚園教育要領を見ると、「幼児の自発的な活動とし
ての遊びは、心身の調和のとれた発達の基礎を培う重要な学習である」とあり
ます。つまり、幼児期の子どもは、遊びながら学ぶのです。そのため、幼稚園
教育の専門家である幼稚園教諭には、遊びを通しての指導を求めているのです。
この点が、小学校以上の学校と幼稚園との大きな違いといえるでしょう。

　では、幼稚園教育要領には、どのような内容が書かれているのでしょうか。
目次を見ると、①前文、②第1章 総則、③第2章 ねらい及び内容、④第3
章 教育課程に係る教育時間の終了後等に行う教育活動などの留意事項、の4
つで構成されています。①前文には、主に幼児期の特性と幼稚園教育の役割が
述べてあります。②第1章には、主に幼稚園教育の基本として、幼稚園教育の
考え方や幼児期の終わりまでに育ってほしい姿が書いてあります。③第2章に
は、主に保育におけるねらいと内容を5つの領域（健康、人間関係、環境、言
葉、表現）として示したものが述べてあります。④第3章には、主に保護者の
希望に基づいて行う教育時間外の教育活動や、幼稚園が地域の幼児教育のセン
ターとして行う子育て支援について述べてあります。つまり、幼稚園教育要領
には、幼稚園教育としての基本の考え方やねらいと内容などが詳しく書かれて
いるのです。

　なお、保育のねらいと内容については、先ほど述べたように、保育所保育指
針や幼保連携型認定こども園教育・保育要領と共通の内容となっています。

3 …… 保育者とは？

　国際的に保育への注目が集まっている流れを受け、OECD（経済協力開発機構）が先進国で行われている保育を調べ、報告書を作成しています。それによると、より良い保育を行うには、高い専門性をもつ保育者の存在が重要であることが示されています。そして、保育者には「子どもにとって一番良いことは何か」を中心に置いて保育を行うことが求められています。

　さて、そもそも保育とは何でしょうか。英語では保育をcare and educationと言います。ケア（care）は日本でもなじみのある言葉ですね。英語のcareの日本語訳を見ると「気配り」「世話をする」などの訳し方をします。保育に絞って考えると、「子どもの世話をして、守る」という意味になるでしょう。もう1つのeducationは「教育」という意味です。つまり、保育とは子どもを守り教育を行うことを指します。したがって、保育者とは子どもを守り教育を行うための高い専門性をもつ者を指します。

　幼い子どもにはどんなケアが必要なのでしょうか。例えば、保育所に通う赤ちゃんを思い浮かべてみましょう。赤ちゃんは自分でご飯を食べることができません。ミルクをつくり、飲ませてくれる人が必要です。トイレも自分では行けません。おむつを取り替えて世話をしてくれる人が必要です。このように赤ちゃんは、食べることや排泄することなど、生きるために必要な行動に手助けを必要とします。しかし、ただミルクを飲ませ、おむつ替えをすればよいというものではありません。赤ちゃんがミルクを飲む時に「おいしいね」と語りかけたり、おむつ替えをする時に「気持ちよくなったね」と語りかけたりする中で、赤ちゃんとコミュニケーションをとります。その中で赤ちゃんの発達が促され、言葉に興味をもったり、人との交流を心地よく感じたりするようになるのです。つまり、ケアしながら同時に教育も行っているのです。ケアと教育を切り離すことなく、一体的に行うのが保育の大きな特徴といえます。

　さて、もう少し大きくなった子どもたちはどうでしょうか。3〜5歳の幼児期の子どもたちは、赤ちゃんの頃に比べると身体も心も成長しています。多くの子どもは自分でご飯を食べたり、トイレに行けるようになります。しかし、それでもまだケアを必要としています。それは、事故が起きないように見守っ

てもらうことや、基本的な生活習慣を身に付けるための世話などが必要だからです。しかし、安全ばかりに気を取られて、子どもが伸び伸び遊べる環境をつくれなかったらどうでしょうか。子どもによって一番良いことは何かを考えているとはいえません。幼稚園や保育所などの保育施設では、子どもは遊びを通して学びます。ここでも、ケアと教育を一体的に行う必要が出てきます。

　子どもが伸び伸びと遊ぶためには、安全に配慮したうえで子どもの主体性を尊重する必要があります。やってみたい、知りたいなど、子どもの興味・関心を保育者が感じ取り、遊びがさらに発展するように働きかけるのです。そのような働きかけを行ううえで重要なのは、子どもを一人の人間として尊重する態度です。

　尊重するということは、敬意を払い大切にすることです。ですから、子どものやってみたいことに危険が伴うと感じたら、「ケガするかもしれないから、やり方を変えてみない？」と聞くこともあるでしょう。子どもを尊重していれば、保育者が主導し、子どもがそれに従う、という保育に陥ることもありません。常に子どもを中心にして、遊びが活発に展開していきます。

　このように、子どもを尊重する態度を身に付けることが保育者に求められます。その基盤にあるのが保育者自身の価値観です。保育者自身の価値観には、教育観や子ども観などがあります。例えば、子どもを尊重すべき存在として捉えているかどうかが問われます。優れた保育者は、適切な教育観や子ども観などをもち、それを土台として子どもとの関わりを豊かに展開しているのです。

確認ワーク
1. 新聞で保育に関する記事を探し、あなた自身がどのようなことに興味・関心があるのかを理解しましょう。
2. インターネットで幼稚園のサイトを見て、どんな教育目標やねらいを掲げているのか、各幼稚園の個性や共通点を調べてみましょう。
3. あなた自身がどんな教育観や子ども観をもっているか、いくつかあげて、周りの人とお互いの価値観を伝え合ってみましょう。

第 **2** 章 子育て支援における保育者の役割

1 ⋯⋯ 子ども家庭福祉の意義、理念と制度

①子どもたちを取り巻く様々な状況 −「児童の最善の利益の保障」を目指して−

　みなさんは子どもにとっての幸せとは何であると考えますか。世界に目を向けてみると、貧困や飢餓に苦しみ、子どもたちの生命や人権が奪われてしまっている状況が多々あります。それは対岸の火事の出来事なのでしょうか。

　一方で、日本は経済的な豊かさを維持している国であり、多くの国民はその恩恵を享受しています。しかし、少子化が進み、高齢化は世界トップスピードで進行しています。これら社会構造の変化に伴い、子育ての状況や子どもの置かれている様子も変化しています。そして子ども7人に1人の割合で「貧困」状態にあることが報告されています。また、「ヤングケアラー」といわれる、家庭内での介護やきょうだいの世話、家事労働を余儀なくされている子どもたちもいます。「子どもの虐待」の報道もよく耳にするところです。このような状況は、社会の中で、健やかに子どもが育つ「幸せ」からかけ離れてしまっています。

②子どもの幸せを実現するために

　子どもの幸せを実現するために、どのような理念や法律があるのでしょうか。またその実現においてキーパーソンとなる保育士とはどのような存在であるのか、以下で触れてみたいと思います。

(ア) 児童福祉法

　子どもやその家庭の幸せの実現を目指し、具体的に示されたものが、「児童福祉法」です。この法律は第二次世界大戦後、子どもたちを取り巻く様々な過酷な状況に、いち早く対応するために策定された法律です（1947［昭和22］年制定）。その後何回かの改正がありましたが、特に、2016（平成28）年の改正は大きな意味をもつものでありました。その改正において、法の第1条を、「全て児童は、児童の権利に関する条約の精神にのつとり、適切に養育される

こと、その生活を保障されること、愛され、保護されること、その心身の健やかな成長及び発達並びにその自立が図られることその他の福祉を等しく保障される権利を有する」と定めました。「権利を有する主体者」として児童を位置づけています。また第2条では、「社会のあらゆる分野において子どもの意見が尊重され、その最善の利益が優先して考慮されるよう努めること」と定めています。このように、児童福祉法では、尊厳を有した個の存在として子どもを位置づけているのです。

（イ）保育士

　児童福祉法の下、子どもの幸せを実現するために様々な事柄が実践されています。そして、子どもの健全な育成に寄与する福祉専門職である保育士は、子どもの幸せを実現するために欠かせない存在です。子どもは自分の意思を言葉にして表現することが難しいといえます。ですから保育士は、子どもの日常の変化や思いを直接的に受け止め、察知することが求められます。その変化の気付きから、子どもの思いを弁護（アドボカシー）し、必要な社会資源へつないでいき、様々な専門機関（者）と連携することが、その専門性として求められているのです。

③児童家庭福祉の意味

（ア）子どもの幸せと親育ち

　先に見てきたように、子どもの幸せを実現するための法制度や保育士の存在は大きいことが理解できます。一方で、子どもの幸せを実現するためには、子どもを取り巻く環境としての「家庭の幸せ」も視野に入れなくてはなりません。その際、求められる事項として、子育てを通した親の成長といった「親育ち」も実現する必要があります。そのために保育士は、先に触れた子どもの変化だけでなく、その家庭の抱える問題や困難な状況にまで支援の目を向け、必要な社会資源へつないでいくことが大切になります。そして他の専門機関や専門職者らと連携して、問題解決を進めていくのです。そのうえで、最終的には「保護者が自身の力で子育てができる力を身に付けること」（エンパワーメント）を目指します。では、そのための社会資源にはどのようなものがあるのか見ていきましょう。

（イ）子どもの幸せを実現するための様々な社会資源

　児童福祉法では、子どもの幸せを実現するための社会資源として、「児童福祉施設」が規定されています（表1-2-1）。これらの施設は原則満18歳に達するまでのすべての児童やその家族を対象とした幅広いものであり、形態としては、入所や通所、一時利用といったものがあります。つまり様々な状況に、柔軟に対応することができるサービスが用意されているのです。

表1-2-1　主な児童福祉施設とその役割

【乳児院】 　家庭では安定した環境が確保されない事情（父母の精神疾患、育児世話の放棄、経済的理由など）がある場合、乳児から小学校就学前までの児童を入所させ、生活を営む施設です。
【児童養護施設】 　保護者のない児童や虐待を受けている児童などを入所させて養護し、あわせて退所した者に対する相談や自立に向けた援助を行うことを目的とした施設です。
【母子生活支援施設】 　配偶者のいない女性等およびその者の監護すべき児童を入所させ、保護するとともに、この母子の自立の促進のために生活を支援する施設です。
【障害児入所施設】 　障害のある児童を入所させ、支援を行うことを目的とする施設です。この施設は福祉型と医療型の2種類があります。
【児童発達支援センター】 　障害のある児童を日々通わせ、支援（日常生活に必要な基本動作の指導など）を提供することを目的とする施設です。
【保育所】 　保育を必要とする乳児や幼児を日々保護者の下から通わせ、保育を行うことを目的とする施設です。また園児の保護者に限らず、地域の親子の子育て支援を行う機能も有しています。ほかにも延長保育や休日保育などといった様々な支援を行っており、まさに地域の子育ての専門機関としての役割を担っています。
【幼保連携型認定こども園】 　教育と保育を一体的に行う特徴があり、幼稚園と保育所の両者の機能を有し、かつ、地域の子育て支援を担う施設です。1・2・3号認定による区分がされており、1号認定は幼稚園の部分（3歳児以上児）で、保護者の就労状況に関係なく利用することができます。また、2号認定は保育所の部分（3歳児以上児）で、従来の保育所と変わりはありません。そして、3号認定は保育所の部分（3歳未満児）で、従来の保育所と変わりはありませんが、先に触れた年齢により区分されています。

④児童家庭福祉としての子育て支援について

　2015（平成27）年4月より始まった「子ども・子育て支援新制度」では、地域の子育て支援の充実を目指し、かつ地域の実情に応じた子育て支援（利用者支援、地域子育て支援拠点、放課後児童クラブ、一時預かり事業などの「地域子ども・子育て支援事業」）を展開することとなりました。

　そして、子育ての専門機関として期待される保育所は「保育所保育指針」において、保育所を利用している保護者に対する子育て支援のほか、地域の子育て家庭の保護者を対象とした子育て支援を展開することが求められています。つまり、保育所は「地域における子育て支援の拠点」としての意味合いをもつことになったのです。そして保育士は、保育所内における保護者への指導という限定的な支援にとどまらず、様々な社会資源や制度を活用しつつ、包括的な支援を行う視点をもつ必要性が出てきたのです。

　また、子育て支援の機能は、幼稚園においても求められています。そのことは「幼稚園教育要領」において「家庭との連携を十分に図るなど、幼稚園における生活が家庭や地域社会と連続性を保ちつつ展開されるようにするものとする」と明記され、具体的には、預かり保育や相談対応等の実施などがあります。

　以上、見てきたように、子どもの幸せを実現するためには、様々な制度・政策、支援の考え方があることを理解できたでしょうか。大切なことは、社会全体で子どもの健全な成長を実現していくことにあります。そして、あなたもその一員であることを忘れないでください。

📝 **確認ワーク**

1. 「子どもの幸せ」を実現するための、子ども家庭福祉の意義について、友達に説明してみましょう。
2. 「子どもの幸せ」を実現するための様々な社会資源について、さらに詳しく調べてみましょう。

2 ……「社会福祉」と「社会的養護」

①「社会福祉」と「保育士」

　「社会福祉」とは、「困窮している人々、低所得の人々、高齢で介護を必要とする人々、障害のため生活がしづらい人々、十分な保護を受けていない子どもたちや虐待されている子どもたち、母子家庭・父子家庭の人々、ホームレスの人々、アルコール依存症の人々、社会的に不適応の人々など、(略)、現代に生きる人間として、ややもすればそれにふさわしい健康で文化的な、安定した生活を営む権利を脅かされている人々に向けられた社会的な支援のための施策であり、そのもとにおいてさまざまな資格を持つ専門職、一般の職員、あるいはボランティアによって展開されている援助活動である」[1]と定義されています。この中に示されている「資格を持つ専門職」の一つとして「保育士」が位置づけられており、保育士は社会福祉の様々な分野で活躍しています。

②社会福祉の歴史

　日本では1874（明治7）年に生活困窮者の救済を目的として制定された「恤救規則（じゅっきゅうきそく）」が、日本初の社会福祉に関する公的な制度であるといわれていますが、内容は十分なものではなく、民間の篤志家（とくしか）による慈善事業が活発に行われました。1929（昭和4）年には、恤救規則に代わって「救護法」が制定され、孤児院や養老院等の施設保護が規定されました。その後も様々な福祉に関する制度が整備されていきますが、現在のような社会福祉制度の仕組みになったのは、第二次世界大戦後になってからです。「児童福祉法（1947［同22］年）」「身体障害者福祉法（1949［同24］年）」「生活保護法（1950［同25］年）」の「福祉三法」と呼ばれる法律が制定され、これに「精神薄弱者福祉法（1960［同35］年）（現：知的障害者福祉法）」「老人福祉法（1963［同38］年）」「母子福祉法（1964［同39］年）（現：母子及び父子並びに寡婦福祉法）」を加えた「福祉六法」が制定されたことで立法的に社会福祉制度が整備されたといわれています。このように、日本における公的な社会福祉制度の歴史はそれほど古いものではありません。

③社会福祉の仕組み

（ア）社会福祉に関する法律

　福祉六法については先に述べましたが、社会福祉に関する根本の規定は「日本国憲法」に示されています。第25条では「すべて国民は、健康で文化的な最低限度の生活を営む権利を有する。国は、すべての生活部面について、社会福祉、社会保障及び公衆衛生の向上及び増進に努めなければならない」と定められています。これをもとに様々な福祉の領域について、それぞれの法律が整備されています。保育士の仕事に直接関係する法律としては、「児童福祉法」「児童虐待の防止等に関する法律（2000［平成12］年）」「母子保健法（1965［昭和40］年）」などがあります。また、社会福祉サービスの運営と組織などを定めた法律として「社会事業法（1951［同26］年）（現：社会福祉法）」が制定されており、社会福祉サービスの定義・理念、社会福祉法人や社会福祉協議会など、地域福祉に関する規定などが定められています。

（イ）社会福祉に関する行政機関等

　「行政」は、こうした法律に定められた内容を実現・実施する役割をもっています。国では「厚生労働省」の社会・援護局、老健局、子ども家庭局などで様々な福祉施策を所管しており、県・市町村では、健康福祉部や福祉部という組織が住民にとって身近な福祉の窓口になっています。また、こうした組織とは別に、都道府県（政令市）には「児童相談所」をはじめ、様々な専門の行政機関が設置されています。「児童相談所」は、18歳未満の児童に関するあらゆる相談に応じる専門機関として、近年社会問題となっている「児童虐待」への対応や、施設等への児童の入所措置を行っています。また、市町村が設置する「保健センター」は、母子保健業務（乳幼児の健診や訪問指導など）を行っています。こうした保育士の仕事と関わりの深い子ども家庭福祉の専門行政機関については、その業務内容等を十分理解しておく必要があります。

　このほか、社会福祉活動を推進することを目的とした民間組織として、各種の福祉サービスや相談活動、ボランティアや市民活動の支援等の活動を行っている「社会福祉協議会」、社会福祉事業を行うことを目的として設立された公益法人で、保育所や障害者・高齢者などを対象とした各種福祉施設の運営主体となる「社会福祉法人」があります。

④「社会的養護」とは

　子どもは、本来であれば保護者のもとで適切に養育されるべきですが、様々
な理由（保護者がいない・病気、保護者から虐待を受けているなど）により家
庭で適切に養育されない子どもたちもいます。そうした子どもたちを、保護者
に代わって国や地方公共団体の責任で養育することを「社会的養護」といいま
す。「児童福祉法」第2条には、「国及び地方公共団体は、児童の保護者ととも
に、児童を心身ともに健やかに育成する責任を負う」と定められており、その
根拠が示されています。社会的養護は社会福祉制度の一つとして、家庭で適切
に養育されない児童の健やかな育成という大切な役割をもっています。実際に
全国で約4万人の子どもたちが家庭を離れて施設や里親宅で生活をしています。

⑤社会的養護の基本理念

　児童福祉法では、すべての児童は「児童の権利に関する条約」の考え方に基
づき養育される権利を有していること（第1条）、すべての国民は「児童の最
善の利益」を優先して考慮し、児童が心身ともに健やかに育成されるよう努め
なければならない（第2条）ことが定められています。社会的養護は、保護者
に代わって 公 が子どもの養育を行うわけですから、この法律の定めに基づき、
「子どもの最善の利益」と「社会全体で子どもを育む」という2つの理念がそ
の根本的な考え方になっています。

⑥社会的養護の機能と役割

　社会的養護が必要となる多くの子どもは、施設等に入所する前に、両親の病
気・死亡・失踪、家庭の経済的な困窮、保護者からの虐待などの経験により、
その安全・安心な生活が脅かされ、傷ついています。ですから、社会的養護
（施設等での生活）には、まず、子どもが安全で安心して暮らすことができる
環境（当たり前の生活の場）を保障することが求められます。そして、「安心
感」をもてる生活を送る中で「大切にされ、人として尊ばれる体験」を通して、
子ども自身の回復する力を引き出し、人への信頼感や自己肯定感を取り戻すこ
と、さらに、社会の一員として自立していくことを支援するという役割が求め
られます。また一方で、保護者が子どもにとってかけがえのない存在である以

上、できるだけ子どもが施設等の生活から家庭に復帰できるようにすることも
大切です。そのために、子どもの養育や支援とともに、保護者の養育機能を高
めるための支援を行う役割もあります。

⑦社会的養護の仕組みと体制

　社会的養護が必要な子どもたちは、児童相談所の決定（措置）により、家庭
に代わって以下のような施設で生活することになります。施設では子どもたち
は集団生活を送りますが、なるべく家庭的な雰囲気の中で子どもたちが生活で
きるよう、最近では、集団の規模を小さくする取り組み（小規模グループケア
など）が進んできています。また、それぞれの施設の運営には必要な設備や職
員の配置基準などが定められており、養育の水準が低下したり施設間で差が生
じたりしないような仕組みになっています。施設には様々な職種の職員が配置
されていますが、そのほとんどの施設に保育士が配置されており、子どもたち
の日常的な養育の中心的な役割を担っています（p.17表1－2－1も参照し
てください）。

> ・乳児院：原則として3歳未満の乳幼児の養育を行う施設
> ・児童養護施設：原則として3歳～18歳までの児童の養育を行う施設
> ・児童自立支援施設：非行や不良行為等を行った児童の養育を行う施設
> ・児童心理治療施設：心理的問題等を抱えている児童の心理治療を行う施設

　なお、施設での養育ではなく、一般の家庭で里親（知事の認定が必要）が子
どもを養育する「里親制度」もあります。子どもたちが特定の大人との愛着関
係や信頼関係を築くことができ、適切な家庭生活を体験できることから、その
有効性が指摘されており、最近はその推進が求められています。

📝 確認ワーク
1．「子どもの最善の利益」とは何かを調べてみましょう。
2．「措置制度」と「利用・契約制度」について調べてみましょう。
3．施設で働く保育士の役割と仕事の内容について調べてみましょう。

3 …… 保護者支援の方法と技術

①子育てを取り巻く環境の変化

　みなさんが幼稚園や保育所に通っていた頃、あなたと関わりのあった人は誰ですか。お父さんやお母さん以外の大人の人と普段から接することはあったでしょうか。お兄さんやお姉さんがいる人は、きょうだいがあなたのお世話をしてくれたり、一緒に遊んでくれたりしたことがあったと思います。それぞれの家庭で子育てに関わる人に違いがあるように、子育ての環境は、それぞれの家庭で違うものです。みなさんが幼稚園や保育所に通っていた頃と、現在の子育ての環境にも違いがあります。日本全体で見てみると、核家族化が進み、祖父母と一緒に住んでいる家庭は少なくなりました。また、地域の人、いわゆる近所のおじさんやおばさんと接することも少なくなっています。さらに、少子化が進み、きょうだいがいる子どもは少なくなりました。つまり、子育てをする人の視点からは、一緒に子育てをしてくれる人や子育てを手伝ってくれる人が少なくなり、子どもの視点からすると、関わりのある人や見守ってくれる人が昔よりも少なくなっているのが現状です。

　父親、母親の子育てには変化があるでしょうか。働く女性が増えたことで、働きながら子育てをする母親も増えました。昔と経済の状況が変わったことで、父親だけでなく母親も働かないと家計を支えることが難しいという家庭も多くなっています。さらに、昔よりも離婚をする夫婦が増えました。このことから、ひとり親の家庭も増えています。これだけでも、昔と今を比べて、子育てをめぐる状況が大きく変化していることが分かると思います。

②保育者に求められる子育て支援の変化

　このような子育てを取り巻く環境の変化を受けて、保育者に求められる役割も変化してきました。子育てに関わる人や子どもを見守る人が減ったことで、保護者にとっても一緒に子育てをしてくれる人、相談できる人が減りました。その分、保育者に求められる子育て支援での役割は増えています。

　2018（平成30）年に「保育所保育指針」が改定された際、「保護者に対する支援」は「子育て支援」に変更されました。この中では、園児の保護者はもち

ろん、地域の子育て世帯に向けた支援も重要視しています。また、「幼保連携
型認定こども園教育・保育要領」では、園児の保護者への支援や地域の子育て
世帯に向けた支援、子どもが関わる他の施設と協力していく「連携」について
示されており、「幼稚園教育要領」においても家庭と地域との連携は重視され
ています。これらのことは、子育ての支援について重要性が高まったことを表
しています。

③保育者にできる子育て支援

　それでは、保育者の子育て支援についてより具体的に考えるために、以下の
保育者の子育て支援における6つの視点のうち、(1)〜(5)について解説
します。

> （1）子育ての負担の軽減をする
> （2）子どものいいところ探しをする
> （3）子育ての方法や技術を伝える
> （4）保護者の悩みを「聴く」
> （5）専門機関の活用の仕方を知らせる
> （6）他の保護者との関係づくり

出典：保育と虐待対応事例研究会『続・子ども虐待と保育園−事例
　　　で学ぶ対応の基本−』ひとなる書房　2009年　p.26を一部改変

（1）子育ての負担の軽減をする

　多くの人が子どもに関わって子どもの育ちを支えていたころに比べると、現
代の子育てでは、保護者にかかる負担が増えています。特に、近年では「ワン
オペ」という言葉も出てきたように、例えば母親が子育てや家事を一手に担っ
ているという場合も少なくありません。保育者が保護者と子どもに関わること
で、子育てに関わる人が増えることになります。すべてを一人でしなければな
らない状況と、誰か少しでも関わってくれる人がいる状況は大きく違います。
たとえ一時的なものであったとしても、子育ての負担の軽減につながります。
保護者を精神的にも肉体的にも支援することになるのです。

（2）子どものいいところ探しをする

　「幼保連携型認定こども園教育・保育要領」の中では、「保護者が子どもの成長に気付き子育ての喜びを感じられるように努めること」とあります。しかし、大変な状況やつらい状況にある時ほど「良くないこと」「嫌なこと」「できていないこと」ばかりに目が向いてしまうものです。そして、当事者ほど「いいところ」「できていること」に気付くことができにくくなります。

　子どものいいところを見つけて、さらに、積極的に言葉にして保護者や子どもたちに伝えることをぜひ実践してもらいたいと思います。みなさんが見つけた「いいところ」は、保護者にとっても子どもにとっても自信につながり、子育ての喜びや楽しさに目を向けるきっかけになるものなのです。

（3）子育ての方法や技術を伝える・（4）保護者の悩みを「聴く」

　子育てに悩みは尽きません。「ごはんを食べない」「おっぱいがやめられない」「おむつがとれない」「いやいやばかりで困る」「下のきょうだいが生まれて赤ちゃん返りをしている」「イライラして叱ってばかりいる」…。子育てをする保護者にとって、一緒に子育てをしてくれる人、相談できる人が減ったことを学びましたが、ひと昔前には身近な人に何気なく質問し、相談できたことも現在は難しくなりました。インターネット上で調べたり質問したりすると、様々な意見があってどれが正しいのか分からず混乱する事態になることすらあります。また、少子化の影響で、自然な子どもの育ちの姿である“子どもってこういうもの”を知らずに親になることも少なくありません。こういった時には、専門家である保育者からの助けが役立ちます。みなさんが子どもについて学ぶことのすべてが、保育者としての子育て支援にもつながっているのです。

　子育ての中で悩むことが多い話題も、その保護者がどんなことをどのように悩んでいるのか、相手はどんな保護者で、どんなお子さんなのか、相談できる人・助けてくれる人がいるかといった状況の違いで、ずいぶん変わってきます。保育者は、保護者に対しても、子どもに対しても、相手を理解しようとする姿勢が大切で、だからこそ相手を理解しようと積極的に相手の想いを「聴く」のです。

（5）専門機関の活用の仕方を知らせる

　子育て支援に関わるのは、幼稚園や保育所、認定こども園だけではありません。地域の様々な専門機関が子育て支援に関わっています。幼稚園や保育所、認定こども園も含めて、保健所・保健センター、子育て支援センター、児童相談所、発達支援センターや障害児通所施設といった子育てに関わる専門機関には、それぞれの特徴や役割があります。つまり、専門機関ごとに子育て支援で「得意なこと」や「できること」、「できないこと」があります。

　保育者が、保護者や子どもにとって専門機関の利用が必要だと判断した時、「この専門機関に行くと、こんな支援が受けられますよ」と伝えることも、保育者の子育て支援で必要になります。まず、それぞれの専門機関の特徴や役割、保護者や子どもたちが受けることのできる支援を知ることから始めてください。

　保育者に求められるのは子育て「支援」であって、「子育て」ではありません。子育ての悩みを「解決する」ことも、保育者の仕事ではありません。保護者が子育てに前向きに取り組めるような「お手伝い」をして、子育ての「名脇役」だったり、「伴走者」になれるような子育て支援が保育者には求められます。

　子育て支援を行う数々の専門職の中で、子どもと生活をともにし、子どもの成長を保護者とともに身近で見守り子育てを支える、そういった子育て支援を行えることが保育者の子育て支援の強みです。子育て支援というと、特に、保護者と関わることに不安を感じる人も多いですが、そういう時には、子どもが夢中になれることや楽しめることを見つけてともに経験し、その様子を保護者に伝えることから始めると良いのではないかと思います。保育者が子どものことを笑顔で話すことで、保護者の笑顔にもつながります。

📝 **確認ワーク**

1．あなたが幼児だった頃と現在の「子育てを取り巻く環境」の違いについて、調べてみましょう。
2．子育て支援で大切なことは何でしょうか。まとめてみましょう。

第 2 部

子どもの育ちと心

子どもの発達と理解

　保育を学び始めると、「子どもの発達について理解し…」「一人一人の発達過程に応じて…」といった文言を目にするようになります。なぜ、保育者は、子どもの発達を理解する必要があるのでしょうか。この章では、発達から子どもを理解することの大切さについて考えてみましょう。

1 …… 発達とは何か？

①発達の定義

　発達とは、人生の始まりから終わりまでの変化のことです。人生の終わりは、命が尽きた時ですね。それでは、人生の始まりはいつでしょうか。生物学的に言えば、卵子と精子が出会い受精した時が新たな生命の誕生の瞬間です。つまり、発達とは「受精してから死に至るまでの心身の変化の過程」[1]と定義することができます。

　最近では、科学技術が進歩したことで、胎児の様子や脳の発達など、以前は観察できなかった人間の育ちが分かるようになってきました。例えば、胎児の脳の発達は未熟であるにもかかわらず、お母さんのお腹の中にいる時から、赤ちゃんはまだできあがっていない脳を使って、声を「聞いて」いることが分かっています。また、お腹の中を映した動画を観察した研究からは、ほほえみ

胎児期 → 新生児期 → 乳児期 → 幼児期 → 児童期 → 思春期 → 青年期 → 成人期 → 老年期

の表情が生まれる前から見られることも分かっています。人間は、お腹の中に
いる時から発達が始まり、生涯、死ぬまで発達し続ける存在なのです。

②発達過程と子ども理解

　表2−1−1は、誕生から中学生頃までの主な発達的出来事を表しています。
詳しい内容はこれからの授業で扱っていきますが、すべての子どもたちがこの
年齢、この順序で進むとは限らないということに留意しておきましょう。
　子どもを理解するうえで大切なことは、なぜこのような姿がこの時期に見ら
れるのか、どのような経験が発達を支えているのかなど、発達的出来事が生じ
る背景を考えることです。例えば、生後2か月頃に見られる社会的微笑は、あ

表2−1−1　主な発達的出来事のカレンダー

誕生	新生児の原始反射。
生後2カ月	社会的微笑（養育者と目を合わせほほえむ）。
生後3カ月	養育者との原初的対話。
生後4カ月	ものの基本的認知。
生後6カ月まで	養育者の顔を他と区別して理解する。
生後8カ月	ハイハイをする。人見知りが始まる。
生後12カ月まで	愛着が成立する。
満1歳	歩き出す。初語が出る。
1歳半	数十語程度を話す。
満2歳	簡単な見立て遊びをする。2語文、3語文を話す。
3歳	つきあいのある同年齢の子どもと遊ぶ。男女の違いをある程度理解する。
3歳過ぎ	過去、現在、未来を区別して語り始める。
4歳過ぎ	「心の理論」課題ができ始める。
5歳	簡単な保存課題ができる。簡単な物語を作り、語ることができる。20くらいまで数えることができる。文字に興味をもち、1字ずつならかなり読むことができる。友達2〜3人なら協力して遊ぶことができる。遊びが男女別に分かれる。
7、8歳	具体的なものを使えば、論理的な思考ができる。
9、10歳	10名以上の集団で遊び、その規範を重視するようになる。
11歳	抽象的な思考が芽生え始める。
12歳	性的成熟が始まる（女子が早く、男子が遅い）。親から心理的に距離をとるようになる。親しい友人の影響力が強くなる。
15歳	一時に覚える記憶容量がピークに近づく。自分を振り返り、過去と現在・将来を統合的に理解しようとする。仲間集団の規範が中心になる。

出典：無藤隆・森敏昭・遠藤由美・玉瀬耕治『心理学（新版）』有斐閣　2018年　p.262

る日突然、赤ちゃんが養育者と目を合わせて笑いかけるようになるのではありません。先述したように、赤ちゃんは生まれる前からほほえみの表情を示します。私たちは、赤ちゃんの笑顔を見た時に、それが自分に向けられたものでないとしても、にっこり笑い返したり、頬をつんつんと触って、もっと笑いを引き出したりするでしょう。赤ちゃんを見れば、赤ちゃんが笑わなくても、笑いかけたり、語りかけたりもするでしょう。そのような日々の温かい関わりの積み重ねを通して、赤ちゃんは次第に自分の感じる喜びを他者に向けるようになっていくのです。

　発達の知識を習得すると、発達の道筋に見通しがもてるようになります。子どもの発達について学ぶ際は、目の前の子どもの姿を「できる／できない」で判断するのではなく、子ども一人一人の発達の背景を理解するために必要な知識であるという観点から学ぶようにしましょう。

③失うことで得られる発達

　発達には、獲得と喪失の２つの側面があります。一つは、加齢に伴う変化です。「亀の甲より年の功」ということわざがあるように、年齢を重ねることによって豊かな経験と知恵が獲得されていく一方で、年を取ることで今までできていたことができなくなっていくという喪失があります。

　もう一つの側面は、発達には必ず獲得と喪失がつきまとうということです。言語発達を考えてみましょう。日本人（日本語を母語とする人）はアルファベットのRとLが区別できず、readもleadも同じに聞こえがちです。しかし、10か月くらいまでの赤ちゃんは、RとLの識別ができることが分かっています。人は、どのような環境に生まれたとしても、その環境に適応できる能力をもって生まれてくるといわれています。日本語を母語とする赤ちゃんにとっては、RとLの区別をするよりも、日本語の聞き取りと発話を発達させた方が生きるうえでは効率が良いのです。生きるうえで必要な能力を獲得して、さらに磨きをかけ、その分、必要でない能力を失っていくことも、発達の重要な側面です。

2 …… 子どもの発達を支える

　図2－1－1は、子どもの発達についての知識を深めることが、目の前の子どもの理解を深めていく循環を図示しています。

　ここで大事なのは、発達の知識と子ども理解の深化の循環を可能にするのは、何よりもまず、子どもが感じる心に思いを寄せるということです。20世紀初め、劣悪な環境の施設で育つ子どもの死亡率が高く、心身の発達にも遅れが見られる状況がありました。イギリスの児童精神科医ボウルビィ（Bowlby, J.）は、その原因が、特定の大人（母親などの養育者）による温かい養育（ケア）が奪われてしまうことにあるとしました。子どもの発達には、機械的にミルクを与え、時間通りにオムツを替えるような冷たい関わりではなく、特定の大人（養育者や保育者）との温かいやりとりを通して、「この人がいれば、絶対に安全で、安心できる。大丈夫だ」と思える情緒的な絆を築くことが重要なのです。

　子どもの姿を様々な視点から見つめ、一人一人の発達の過程を丁寧に捉えようとする心を磨くことが保育者の専門性といえるかもしれません。

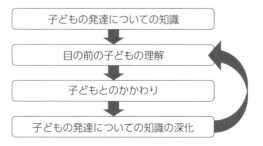

図2－1－1　子どもの発達についての知識と子ども理解

出典：本郷一夫編『シードブック保育の心理学Ⅰ・Ⅱ（第2版）』建帛社　2015年　p.2

📝 確認ワーク
1．表2－1－1の「主な発達的出来事」に合わせて、自分の年表を作成し、自分の発達の支えとなった出来事をまとめましょう。
2．なぜ、保育者は子どもの発達を理解する必要があるのでしょうか。現時点での自分の考えをまとめておきましょう。

第2章 乳児保育の意義・目的と役割

　乳児とは、児童福祉法において、1歳未満の赤ちゃんのことを指しますが、乳児保育とは、0～2歳児の保育のことを表しています。かわいい赤ちゃんの姿を思い浮かべると、温かく、幸せな気持ちになったり、赤ちゃんの周りには笑顔があふれたりするのはなぜでしょうか。赤ちゃんは、周りの大人に世話をされて成長します。言い換えれば、世話をしてもらわなければ、健やかに成長することができません。赤ちゃんにとって、親や保育者はどのような存在であることが望ましいでしょうか。

1 …… 乳児保育の必要性

①保護者の就労や子育てを支えるために

　2015（平成27）年4月から「子ども・子育て支援制度」がスタートし、低年齢（0～2歳児）の乳幼児を受け入れる保育所や認定こども園を増やすことや延長保育の充実などの「保育の量」を確保する取り組みが進んでいます。これは、男女共同参画の考え方が広がり、女性が仕事を通して自己実現をするために、また子どもを産んでも仕事を続けたいと考える母親が増えたために、乳児保育の充実が欠かせないという社会背景があります。子どもを預けたくても乳児保育を行っている保育所や認定こども園がない、または定員を満たしているため入れないという待機児童については、社会的な問題となっており、多くの女性が出産を理由に仕事を辞めざるを得ない現状もあります。安心して、わが子を託して仕事を続け、保育者に支えられながら子育てをすることができるような社会が求められています。一方、子どもが3歳になるまでは、自分の手で子育てをしたいと考える女性もいます。しかし、核家族化や地域とのつながりの減少から、子育てに不安を抱えたり、子育てに自信がもてなかったり、さらには、育児を放棄してしまうケースもあります。すなわち、安心して子育てをするためにも、子育てを支える場所としての保育所や認定こども園が必要とされているのです。

②乳児保育の始まりと現状

　少子化により、子どもの数が減少している中で、保育所や認定こども園の0〜2歳児の利用率は著しく増加しています。それに伴い、乳児保育の必要性も理解されるようになりましたが、同時に0〜2歳児の保育の充実も求められるようになりました。保育所や認定こども園は、ただ保護者のニーズに応えて子どもを預かれば良いというわけではありません。子どものより良い成長を支えるために、乳児からの子どもの発達を理解し、より良い保育を目指し「保育の質」を保障していく必要があります。

　0〜2歳の赤ちゃんの時期が、人生の基礎を築く重要な時期だからこそ、母子関係を始めようとする家族との関係がより豊かになるように、保育者は乳児期の子どもの育ちを支え、子育てをする保護者も支えていく必要があります。

2 ……… 乳児期の発達を支える

①乳児期の心の発達

　赤ちゃんは周りの人たちに保護され、養育されなくては一人では生きていけません。一見、受動的で無力な存在のようにも見えます。しかし、最近の研究から、赤ちゃんは生まれた時から、高い認知能力をもっていて、人やものなどの周りの環境に働きかけて成長・発達していくといわれています。つまり、能動的な存在であるといえます。なるほど、赤ちゃんは生まれながらにして、人の心をつかむ術を備えています。「かわいい」と目を奪われてしまうのは、赤ちゃんには不思議な力があるということになります。生まれたばかりの赤ちゃんには、まだ「うれしい」というような感情はありません。それでも、にっこりほほえむことがあります。このほほえみは「生理的微笑」といわれるもので、生まれながらにしてもっている力です。そして、生後2か月頃になると、周りの大人と目を合わせてほほえむ「社会的微笑」が出現します。赤ちゃんの心が、周りの人との親密な関係の中で成長しているのです。生後3か月頃から見られる、特定の養育者との間に結ばれる「愛着」や5〜6か月頃から始まる、特定の養育者以外の大人に対しての「人見知り」なども心の成長を表す姿です。この頃、「いないいないばぁ」の遊びを赤ちゃんが大喜びするのは、「ものの永続

性」が赤ちゃんに形成されたからであり、大好きな人の顔が隠れても、また再び会えるという喜びがあるからです。このように、特定の養育者との応答的な関わりを通して信頼関係が生まれ、赤ちゃんの心の成長にとって大切な感性が育まれていくのです。

②乳児期の言葉の発達

　1歳頃までに、赤ちゃんの言葉には著しい成長がみられます。誕生後しばらくの間は泣き声（叫喚音）を発するのみですが、2～3か月になると「アー」「ウー」など、母音1音を伸ばしたクーイングを発するようになり、5～6か月になると「ウーヤー」「アウアウ」など、多音節の声の喃語を発するようになります。8か月頃になると名前を呼ぶと反応するようになり、10か月頃になると「マンマ」などの意味のある言葉が表れてきます。同じ頃に、興味のある物を「指さし」したり、「ちょうだい」と手を出すとおもちゃを乗せたり、「ありがとう」と声をかけると頭を下げたりして、言葉のやりとりを楽しむようになります。このように、言葉の発達は、周りの環境にも大きく影響を受けるということを十分に理解していきましょう。

　最近の若者言葉の「ムリ」や「ヤバイ」に様々な意味が込められているように、赤ちゃんの「ママ」や「イヤ」といった言葉にもたくさんの意味が含まれています。例えば「ママ」の言葉の後には、「ママお腹がすいた」「ママこっちに来て」「ママおむつ替えて」などの意味が含まれています。親は深い愛情をもっているからこそ、赤ちゃんの欲求に応えたり、不安を取り除いたりしてくれます。赤ちゃんは言葉の効果を経験しながら、親との信頼関係を育てているのでしょう。

③乳児期の体の発育と運動機能の発達

　人は生後、乳児期（出生より1年）、幼児期（小学校入学まで）、児童期（学童期、小学校在学期間）を経て思春期（青年になるまで）に至るまで、心身ともに成長していきます。特に、乳児期は他の時期と比べものにならないほど心身ともに発育・発達します。生まれたばかりの赤ちゃんの体重は約3,000gですが、生後3か月で2倍となる約6,000g、生後12か月で3倍の約9,000gにな

ります。また、出生時の身長は約50cmですが、生後12か月になると約1.5倍の約75cmに成長します。

　次に、発育に伴う体のバランスの変化を図2-2-1に示しました。出生時は4頭身ですが、2歳児で5頭身、成人する頃には7〜8頭身になります。また、脚の長さに注目すると、年齢が低いほど体に占める脚の長さの割合も小さく、重心が高い位置にあるため、小さい子どもほど転びやすく、頭から落ちやすいのです。

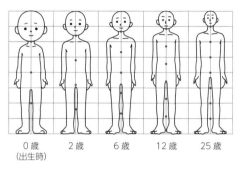

0歳
(出生時)　2歳　6歳　12歳　25歳

図2-2-1　発育に伴う体のバランスの変化

　生後3か月くらいまでは「吸啜反射（きゅうてつ）」で母乳を飲んだり、生後4か月くらいまでは「把握反射」で手のひらに触れたものを握ったりするなど、「反射」が中心ですが、月齢が進むにつれて、腹ばい姿勢から、あごをもち上げ、寝返りをうつようになり、体を支えて座ることができるようになります。さらに、ハイハイをするようになり、1歳頃には一人で立つようになり、歩行の準備が始まります。

　0歳児の赤ちゃんを育てることや保育所や認定こども園で乳児保育を行うことは、赤ちゃんのおむつを替えたり、赤ちゃんにミルクをあげたりしながら、ゆったりのんびり過ごしているように見えます。しかし、生まれてから1歳になるまでの発達のスピードを知ると、一日一日の関わりの重要性が感じられるようになります。

📝 **確認ワーク**
1．あなた自身の母子手帳などの記録を見て、身長や体重などの変化を調べてみましょう。
2．現代社会における乳児保育に関わる課題を新聞から探して、読んでみましょう。

第3章

心身の発達と健康／
子どもに起こりやすい事故や病気の予防

　子どもが健康に伸び伸びと育つことは誰しもが望むことです。では、健康とはどのようなものでしょうか。WHO（世界保健機関）は、健康の定義を「病気でないとか、弱っていないということではなく、肉体的にも、精神的にも、そして社会的にも、すべてが満たされた状態にあること」[1] としています。健康であることは単に病気ではないということではなく、周囲の人々との良好な関係の下で、心が満たされ、明るく伸び伸びと意欲的に生活している状態であるといえます。国連の「児童権利宣言」や「児童の権利に関する条約」にもあるように、子どもは心身ともに健全に育つ権利を保障されるべきであり、周囲の大人は子どもの健康と安全を守る環境を整える必要があります。子どもにとって良い環境をつくるためには、まず周囲の大人が子どもの特徴を理解し、必要な援助を実践していく中で異常があれば早期に発見・対応していく必要があります。また、子ども自身も自らの体や健康に関心をもち、危険を回避する力の習得や病気の予防、身の回りの清潔の保持など、必要な活動を意欲的に行えるように援助していく必要があります。

1 …… 心身の発達と健康

　子どもは、成人に比べて単に体が小さい存在というだけではありません。子どもの大きな特徴は、未熟な状態から成人の成熟した状態へと常に変化していくことです。心と体の健康が密接に結びついているように、各器官や機能の成熟の過程は互いに密接に関連しながら変化します。その変化は連続的ですがスピードは一定ではなく、急速に進んだり緩やかになったりします。そのため、子どもは各月齢や年齢で特徴的な変化を示します。子どもの成長や発達を各年齢時点で評価したり、経時的に評価したりしていくことは、子どもの健やかな発育を知る手がかりとなるだけでなく、病気の早期発見や虐待の発見などにもつながります。

　一方で、成長や発達の個人差は大きいため、一人一人の状況に合わせた健康

を考えていく必要があります。

2 …… 子どもに起こりやすい事故や病気の予防

①子どもに起こりやすい事故と予防方法

　子どもの死亡事故は、0歳（乳児）では圧倒的に窒息がその原因となっており、その中でも就寝時や誤嚥によるものが半数以上を占めます。1歳以降では交通事故が多くなり、同時に溺水などの水の事故も増えていきます。発生場所は低年齢なほど住居（家庭内）での事故が多く、子どもの行動範囲が広がるにつれて道路や駐車場など、家庭外で起こる事故が多くなります。

　子どもが事故を起こしやすい理由は、特有の身体的・精神的発達の特徴が関係しているといえます。子どもは、身体に占める頭部の割合が大きいためにバランスが不安定で転倒しやすい傾向にあります。さらに、運動機能は発達途上であることから危険と分かっても、とっさに行動をとることが困難であったり、精神発達の未熟さから危険を察知できなかったり、好奇心が勝って、つい危険な場所に手を伸ばしてしまうことがあります。

　安全な教育・保育環境を確保するためには、子どもの年齢や場所、活動内容などに留意して、事故防止に取り組むことが求められます。以下に示した場面は重大事故が発生しやすいため、注意事項をふまえて対応する必要があります。

＜大事故が起こりやすい場面と注意事項＞

（ア）睡眠中

　・睡眠前および睡眠中の窒息リスク（うつぶせ寝、柔らかい布団やぬいぐるみ、ひも、嘔吐物）の除去を行う。

　・睡眠中は一人にせず、定期的に睡眠状況の確認（子どもの呼吸・体位・睡眠状態）を行う。

　・呼吸停止を発見した場合は、早期対応をして重大事故を予防する。

（イ）プール活動・水遊び

　・監視を行う者と指導を行う者に分けて配置し、役割分担を明確にする。

　・プール活動に関わる者へ、見落としがちなリスクや注意ポイントなどの事

前教育を行う（時間的な余裕をもってプール活動を行う、監視員は監視に専念、エリア全域をくまなく監視、動かない子どもや不自然な動きをしている子どもを見つけるなど）。

（ウ）誤飲・誤嚥

・子どもの食事に関する情報（咀嚼<ruby>咀嚼<rt>そしゃく</rt></ruby>・<ruby>嚥下<rt>えんげ</rt></ruby>機能や食行動の発達状況・健康状態）を共有する。

・子どもの年齢月齢にかかわらず、普段食べているものが食材の窒息につながる可能性があることを認識して食事の介助や観察をする。

・口に入れると<ruby>咽頭部<rt>いんとうぶ</rt></ruby>や気管が詰まるなど、窒息の可能性のある大きさや形状の玩具は、乳児の手に触れない場所に置くことを徹底する。

・過去のヒヤリハット事例を参考に、窒息の危険があった玩具や食材、類似する形状のものは使用しない。

（エ）食物アレルギー

・保護者から「生活管理指導表」を提出してもらい、医師の診断に基づいた食物の除去を行う。

・食後に子どもがぐったりしている場合はアナフィラキシーショックの可能性を疑い、必要に応じて救急搬送する。

・食事提供の全過程を確認し、人的なエラーによる誤食が起こらない仕組みをつくる。

子どもの誤飲に注意しましょう

②子どもに起こりやすい病気の予防

　子どもは免疫や呼吸機能が未熟であることから容易に感染を起こしやすく、重症化しやすいという生理的特性があります。また、集団保育の場では一人の体調不良から容易に集団へと感染が広がることが考えられます。なぜなら、保育所等は子どもたちが毎日長時間集団生活をする場所であり、食事や睡眠、遊びなど、濃厚な接触機会が多いからです。さらに、特に乳児は床をはい、手に触れるものは何でもなめるという行動上の特性があるため、触れるものから感染する危険があります。しかし、乳幼児自身は、正しいマスクの着用や正しい

　手洗い、衛生物品の取り扱いなどの予防対策が未熟・未獲得であり、十分な衛生対策をとることが難しい状況にあります。

　低年齢であるほど体調不良時に症状を自ら訴えることが難しいため、日々の子どもの観察を意識的に行い（図2-3-1）、普段の子どもの様子を知ることが重要です。「いつもと違う」という小さな異変に気付くことで子どもの体調不良の早期発見につながります。

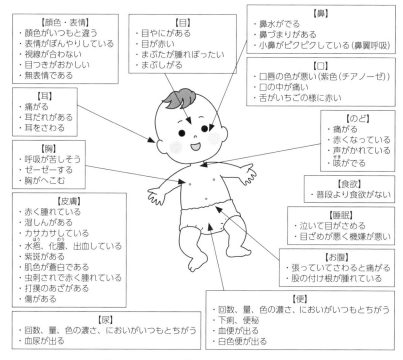

図2-3-1　観察すべき子どもの症状

出典：厚生労働省「保育所における感染症対策ガイドライン（2018年改訂版）」 2018年　別添3

📝 **確認ワーク**
1．生活する場面で子どもにとって危険な箇所を考えてみましょう。
2．どのようなことに注目して子どもと関わると体調不良時に早期発見ができるか考えてみましょう。

1 …… 子どもの健康と食生活の意義

①食生活と健康の関わり

　子どもたちの食生活は、これから続く人生の基礎となっていきます。食べることは生きることです。私たちの身体は、今まで食べてきた様々な食材からできています。毎日健康で過ごせることは、毎日の食事をおいしくいただけることといっても過言ではありません。

　赤ちゃんは、平均約3kg前後で生まれてきます。月齢が小さいほど発育は顕著で、生後3か月で出生時の約2倍、1歳の誕生日を迎える頃には出生時の約3倍の体重になるといわれています。小児期の栄養は、生命を維持する働きに加え、小児の成長と発達を担っているのです。

　また、毎日の食生活は、子どもたちにとって、身体をつくるのに必要なものであると同時に、心の発達にも影響を与えています。おいしいものを食べて怒り出す人はいません。「おいしい・楽しい・うれしい食」は、子どもたちの笑顔と心の栄養にもなっているのです。保育者は、子どもの食の発達を理解し、子ども一人一人の食に対して、適切に接することが必要となります。まずは、健康な毎日を送るために、保育者自身が適切な食生活を実践する力をつけていきましょう。子どもの健康と食生活のあり方は、生涯の活動の基盤となります。

栄養豆知識

　「栄養」という言葉をよく使いますが、「栄養」とは、食物を通して栄養素を取り入れ、その成分を利用することを表します。「ピーマンには栄養があるよ」と言いますが、正確には「ピーマンにはいろいろな栄養素が含まれているよ」と言うのが正しいでしょう。子どもが苦手な食材を前にしている時に「栄養があるから食べなさい」と言うのはあまり良い声かけとはいえません。子どもは、「栄養がある＝苦手なもの」と刷り込まれてしまいます。誰にでも苦手な食べ物はあります。「いつかきっと食べられるようになるよ」と前向きな言葉がけと、笑顔のエッセンスを大切にしたいものです。

②子どもの食生活の現状

　核家族の家庭が増え、家族がバラバラでさみしい食事（孤食）をとっている子どもが増えています。このほかに、「避けたい子どもの食生活として7つの『こ食』がある」[1]といわれています（表2-4-1）。「こ食」のほかにも、1日のスタートの栄養補給として重要な朝食を食べない「欠食」も問題になっています。子どもたちが、乳幼児期から正しい食事やより良い食習慣を身に付けることができるように、周りの大人のサポートが必要となります。

表2-4-1　避けたい子どもの食生活として7つの『こ食』

孤食：家族の団らんがなく、一人だけで食べること
個食：家族一人一人が自分の好きな別々の料理を食べること
固食：同じものばかり食べること
子食：子どもたちだけで食事をすること
小食：食べる量が少なく、栄養不良を引き起こす心配があること
濃食：味付けが濃いものばかり食べること
粉食：パン、麺類などの「粉もの」ばかり食べること

2 …… 食育の基本と内容

①食育の基本

　「国民が生涯にわたって健全な心身を培い、豊かな人間性を育むことができるよう、食育を総合的かつ計画的に推進すること」を目的に、食育基本法が2005（平成17）年に施行されました。食育は「生きる上での基本であって、知育、徳育及び体育の基礎となるべきもの」と法律にあるように、子どもの健全育成の柱となる重要なもので、「保育所保育指針」においても"食育の推進"について明記されています。

②保育所における期待する子ども像

　保育所における食育に関する指針として「楽しく食べる子どもに－保育所における食育に関する指針－」があります。目指すものは、次の5つの子ども像の実現であるといわれています。

1）お腹がすくリズムのもてる子ども	4）食事づくり、準備にかかわる子ども
2）食べたいもの、好きなものが増える子ども	5）食べものを話題にする子ども
3）一緒に食べたい人がいる子ども	

　これらは幼稚園、幼保連携型認定こども園などにも共通した内容となります。また、地域での子育て支援や，子どもたちの生活の中心である家庭においても、目指すものとなります。保育所と家庭とが連携し、子どもが健康な生活リズムを身に付け、楽しんで食事をとることができるようにしていきたいものです。食事は、365日毎日のことです。子どもたちの笑顔あふれる楽しい食事環境を一緒に考えていきましょう。

①お腹がすくリズムの　②食べたいもの、好きな　③一緒に食べたい人が　④食事づくり、準備に　⑤食べものを話題にす
　もてる子ども　　　　ものが増える子ども　　いる子ども　　　　　かかわる子ども　　　る子ども

3 ……食物アレルギーに対する配慮を要する子どもの食

①食物アレルギーとは
　食物アレルギーは、食物を摂取した際、食物に含まれる原因物質（アレルゲン）を異物と認識し、身体が過敏な反応を起こすものとされます。

②症状
　症状は蕁麻疹やかゆみ、咳などが引き起こされます。食物アレルギーが1つの臓器にとどまらず、複数の臓器に重い症状が現れる場合をアナフィラキシーと呼びます。併せて、血圧低下や意識障害などのショック症状を伴う場合をアナフィラキシーショックと呼びます。生命に危機が及ぶこともあり、非常に危険な状態です。

③原因食物
　食物アレルギーは、食物に含まれるたんぱく質がアレルゲンとなります。日

本では食物アレルギーのアレルゲンとして鶏卵、牛乳、小麦が全体の3分の2を占め、特に鶏卵は40％近くを占めています。保育所に通う子どもの10〜20人に1人が食物アレルギーをもっているとの報告もあります。食物アレルギーなどの配慮を要する子どもが増えていることを覚えておきましょう。

④対応

　保育所での食物アレルギー対応は、「保育所におけるアレルギー対応ガイドライン」に基づいて行われます。食物アレルギーをもつ子どもの誤食を防ぐために、保育者は積極的に献立や原材量を把握し対応します。例えば、卵アレルギーをもつ子どもには、卵を使用している加工食品も除去する必要があります。具体的には、マヨネーズ、練り製品（かまぼこ、はんぺんなど）、肉類加工品（ハム、ウインナーなど）、調理パン、菓子パンなど多岐にわたります。演習授業では、食物アレルギーの子どもに対して、安心して安全な給食や間食（おやつ）を提供することができるように、食品の選択や提供方法について学んでいきます。また、保育者は食物アレルギーをもつ子どもが、ほかの子どもと違うものを食べる必要性や誤食の危険性について、本人や周りの子どもたちが理解できるような援助が求められます。

☕ コラム：食物アレルギー

　加工食品による食物アレルギー症状の被害を防ぐため、2002（平成14）年4月から、容器包装された加工食品において、アレルギーの頻度が高く、重い症状が現れやすい特定原材料7品目（卵、乳、小麦、そば、落花生、えび、かに）には表示義務、特定原材料に準ずる21品目は表示が推奨されることになりました。
　身近な市販のお菓子のパッケージにも表示があります。授業ではその表示を利用し、子どもたちが安心して楽しいおやつタイムを過ごせるように「おかしのやくそくカード」をつくるなど、アプローチの方法を考えていきます。

✒ 確認ワーク
1．7つの「こ食」について、説明をしてみましょう。
2．あなたは「こ食」になっていませんか？　食生活を振り返ってみましょう。

第 5 章

**特別な支援を必要とする子どもとは／
特別支援教育とは**

1 ⋯⋯ 特別な支援を必要とする子ども

①特別な支援を必要とする子どもとは

　日本では、障害のある子どもに対する支援の歴史があります。近年では障害のある子どもとない子どもを分けて教育するだけでなく、障害のある子どももない子どももともに学ぶことができる保育・教育のあり方が求められるようになり、保育・教育の転換によって支援の対象児は広がりました。そのため、障害のある子どもたちも幼稚園・保育所・学校などで生活し、学習することも一般的になってきています。

　一方で、「集団の中になかなか入れない」「人前でしゃべらない」など、家庭では特に問題がないのに集団適応がうまくいかない子どもの数が急増しています。「障害児」と診断されていない、少し気になる子どもや支援を必要とする子どもも増えています。

　以下では、特別な支援を必要とする子どもについて、（ア）診断のついている子ども、（イ）診断はついていないが、支援を必要とする子ども、（ウ）家庭支援が必要な子どもの3つに分けて理解してみましょう。

（ア）診断のついている子ども

　例えば知的障害の特徴としては、行動面で年齢よりも幼い様子が見られ、年齢相応の生活や行動を行うことが難しいといったことがあるため配慮が必要になります。こうした発達のゆっくりとした状況が行動全般にわたって見られ、日常生活を過ごす際に多くの援助が必要となる場合に知的障害が考えられるのです。

（イ）診断はついていないが、支援を必要とする子ども

　近年、診断はついていなくても集団への適応が難しく、「学習面または行動面で著しい困難を示す」子どもがいます。例えば、「集団活動の場面になると外に飛び出していく」「落ち着きがない」「急な変更に対して癇癪（かんしゃく）を起こす」などです。こうした子どもは、将来的にLD（学習障害）、AD/HD（注意欠陥／

多動性障害）、自閉症スペクトラム障害という診断を受ける可能性があります。

（ウ）家庭支援を必要とする子ども

　虐待など不適切な関わりで育てられたり、誰からも大切にされない環境の中で育てば、特定の人との愛着は形成されていきません。それが愛着障害です。不適切な関わりとは、無視、ネグレクト（育児放棄）、虐待などです。愛着障害は、器質的な脳の機能障害とは異なり、不適切な環境から引き起こされる二次的な機能障害です。

②その他の特別な支援が必要な子ども

（ア）外国人家庭の子ども

　外国人労働者が増えている近年、日常生活で日本語以外の言語を使用している子どもが幼稚園や保育所等に入園することもあります。その際、日本の文化との違い（生活リズムや食事、時間など）に戸惑いを感じたり、困ったりする子どもがいます。そのため、各家庭の生活リズムを知り、ニーズに沿った対応策を検討していくことが必要です。

（イ）経済的な問題を抱える家庭の子ども

　保護者の仕事の事情により、子どもが家で一人で過ごす時間が長く、場合によっては朝ごはんを食べずに空腹のまま登園する子どももいます。朝から元気がない状況が続くのであれば、様々な事情を抱えている保護者の気持ちに共感しつつ、事情を聞くことも必要です。

（ウ）虐待を受けている子ども

　虐待経験を背景として愛着障害を抱える子どもへの対応に関しても、様々な課題があります。発達障害と似たような行動を見せることがあります。

　園での日々の生活では、例えば昨日と同じ服を着ていないか、おむつが取り替えられているか、身体に何らかのあざなどがないかを気にかけていく姿勢が必要です。

2 …… 特別な支援を必要とする子どもと関わるうえでの心構えについて

　特別支援教育とは、第1節でみてきたような様々な障害や困難をもつ幼児児童の自立や社会参加を支援するという視点に立ち、彼ら一人一人の教育的ニーズを把握し、生活や学習上の困難を改善または克服するため、適切な指導および必要な支援を行うことをいいます。本節では指導および支援を行ううえでの心構えについて学びます。

①子ども一人一人の発達・特性・支援方法を理解する

　本来、子どもは一人一人得意・不得意なことが異なっており、発達のスピードも異なります。特に障害のある子どもは、発達の速さやバランスが多くの子どもと異なっています。結果として支援の方法も一人一人違います。その子どもの特性を考慮しない画一的・強制的な指導は子どもを傷つける結果になります。また保護者の気持ちへの無理解は親子双方を追いつめ、支援へとつながるチャンスを逃してしまうことさえあります。支援をするうえでは、ただありのままの子どもを認め、子どもが一人で何かをできるようになることをサポートしていくという視点で行っていくことが重要です。

②自己有能感を育てる

　「特別な支援を必要とする子ども」は、周囲から「不適切」な行動が目立つことで、注意されたり、叱られたりすることが多くなり、「困った子ども」と見なされることもあります。すると、「自分はうまくできない」という気持ちや自信を失うといった自己有能感が低い状態に陥りやすくなります。自己有能感とは「自分はやればできる」という気持ちです。これは生活の中で「うまくいった」「うまくできた」という成功体験を重ねることで育まれます。子どもが成功体験を積み重ねていく環境づくりや、その中で周囲からほめられる機会を増やしていくなど、保育や教育の中で自己有能感を育てる関わりを取り入れていくことが大切になってきます。

③合理的配慮について

　私たちの顔が一人一人異なるように、脳の機能、家庭環境や言語環境など、何らかの事情で特異な機能や環境下で生まれてきた子どもがいます。こうした子どもを排斥（はいせき）するのではなく、その尊厳を大切にし、違いを認め、助け合うことを通じて教育や支援を実現することが必要です。そこで「合理的配慮」という観点があります。

　合理的配慮の例として、次のようなケースをあげることができます。

　視力が「悪く」、遠くの事物が見えないので眼鏡をかけることは、ごく当然のことです。この眼鏡に該当するのが合理的配慮です。また、周囲の世界の認識の仕方（見え方、聞こえ方、感触など）が独特であり、日常生活に困難をもつ子どもがいます。その場合に、より周囲を認識しやすいような工夫を教室や教材に加えるなどの配慮をすることは、種々の異なった認識機能をもつ子どもに対する当たり前の支援、つまり合理的配慮なのです。

📝 **確認ワーク**

1．「特別な支援を必要とする子ども」とはどのような子どもか、様々な場面を想像しながらまとめてみましょう。
2．「特別な支援を必要とする子ども」と関わるうえでの心構えについてまとめてみましょう。

第 3 部

子どもの遊び、
子どもと遊ぶ

第 1 章

運動（体を動かす）

1 …… 現代の子どもと運動遊び

あなたは運動が好きですか？　少し苦手ですか？　子どもの頃に初めて逆上がりができたことをうれしく感じたり、かけっこで負けて悔しいと感じましたか？　運動は単に体を動かすだけでなく、心の発達にも大きく関わっています。

①「4つの間」の減少

現代の子どもは、昔に比べ「体格は大きいが、体力が低く、運動は不器用」と言われています。それは、社会環境・生活様式の変化に伴って、体を動かして遊ぶための「空間」「仲間」「時間」、さらに一緒に遊ぶ大人の「手間」が減少（＝4つの間の減少）したことによるものです。

その結果、転んだ時に手が出ず、床に顔をぶつける、1段ごとに足をそろえなければ階段を降りられない、座らないと靴の着脱ができないなど、体の操作が未熟な幼児が増えているのです。

②幼児期の運動の必要性

幼児期における運動は、運動を調整したり、危険から身を守ったりするための能力が高まるほか、健康な体をつくること、意欲的に取り組む心が育まれること、友達と上手に遊んだり、コミュニケーションをとる能力が高まることに大きく関係しています。そのため、幼児の生活全体の中に体を動かす遊びを中心とした活動を、しっかり確保していくことが求められています。

③幼児期運動指針

保育者は、先述の「4つの間」がそろっており、安全で安心して過ごすことができる幼稚園や保育所などで、運動遊びを展開する方法、また、地域や家庭と連携する方法とその重要性を理解することがとても大切です。

　文部科学省が2012（平成24）年に策定した幼児期運動指針には、「幼児は様々な遊びを中心に、毎日、合計60分以上、楽しく体を動かすことが望ましい」と明記されており、そのポイントとして次の3つが示されています。
　①多様な動きが経験できるように様々な遊びを取り入れること
　②楽しく体を動かす時間を確保すること
　③発達の特性に応じた遊びを提供すること

2 …… 運動遊びの実際

①幼児期に経験してほしい動作

　幼児期に多様な動きを経験して、身に付けたい動作は、「姿勢を変える・バランスをとる動作」「体を移動させる動作」「物を操る動作」に分けられます（表3-1-1）。これらの動きが幼児の生活の中にバランスよく含まれるように、保育を展開していきます。

表3-1-1　幼児期に身に付けておきたい36の基本動作

姿勢を変える・バランスをとる	立つ、組む、乗る、逆立ち、渡る、起きる、ぶら下がる、浮く、回る
体を移動させる	跳ぶ、はう、歩く、走る、上る、跳ねる、泳ぐ、滑る、くぐる
物を操る	持つ、支える、運ぶ、押す、押さえる、こぐ、当てる、捕る、掴む、渡す、積む、掘る、振る、投げる、打つ、蹴る、引く、倒す

②身近な遊具を工夫して遊ぼう

　幼稚園や保育所などで、子どもたちが多様な動きをするためには、多くの種類の遊具や用具が必要になるわけではありません。保育者の工夫や子どもが遊んでいる様子からヒントを得て、運動遊びを展開させることもできます。ここでは、フープを使って多様な動きができる遊びを紹介します（表3-1-2）。

写真①　みんなでジャンプを楽しむ様子

表3－1－2　フープを使った運動遊び

姿勢を変える・バランスをとる	地面に置いたフープの中で、立ったり座ったりする。 地面に置いたフープの上を、バランスをとって歩く。
体を移動させる	地面に並べたフープを、両足で、連続で跳び越す（写真①）。 地面に置いたフープを走りながら跳び越す。 保育者が転がしたフープを、走って追いかける。
物を操る	フープを立てて、コマのように回す。 フープを腰や足首で回す。 カラーコーンなどを的にして、投げ入れる。

③様々な動きができる「サーキット遊び」

　サーキット遊びとは、自動車のサーキットレースのようにコースをぐるぐる周回する遊び方の総称です。コースの途中に様々な遊具や跳び箱、マット、平均台などの用具、身の回りにある素材（ロープなど）を設置し、それらを跳んだり、くぐったりしながら、多様な動きを体験することができます（写真②〜⑤、図3－1－1）。

写真②　落ちないようにゆっくり…

写真③　鉄棒できるかな？

写真④　くぐって、越えて…

写真⑤　できるかな？　ジャンプ！

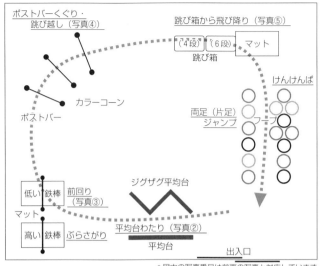

＊図中の写真番号は前頁の写真と対応しています

図3－1－1　遊戯室で行うサーキット遊びの環境構成（例）

　運動遊びの環境をつくる際は、幼児が楽しく取り組めるか、対象となる子ども
もの能力に合っているか、危険なものはないかなど、様々な観点から検討する
必要があります。

　子どもが「できた！」と成功体験を味わい、「今度もやってみたい」「もっと
難しいことに挑戦したい」と思うことができる環境構成や、運動遊び中の声か
けや援助の仕方、補助の行い方などは、保育内容領域「健康」に関する授業で、
子どもたちと実際に関わり、実践的に学びます。

📝 **確認ワーク**

1．あなた自身が幼児期に行っていた運動遊びを思い出し、その中にはどのよう
　　な動作が含まれていたか、表3－1－1を参考に考えてみましょう。

2．身近な遊具（ボール、ロープなど）を使って、多くの運動遊びの方法を考え
　　てみましょう。

3．園庭にある遊具や様々な用具を使ったサーキット遊びのコースを考えてみま
　　しょう。

第 2 章 絵本（想像を楽しむ）

1 ······ 乳幼児期における絵本の意義

　乳幼児期の子どもにとって、絵本はどのような意義をもっているのでしょうか。子どもの時の絵本体験を思い出しながら、考えてみましょう。

①豊かな体験

　絵本を通して、行ったことのない場所に行き、会ったことのない人に出会うことができます。様々な感情も湧き起こります。体全体で絵本を受け止め、現実の世界だけでなく、絵本の中でも豊かな体験をもつことができるのです。

②ともに楽しむ喜び

　大好きな人の声で絵本を読んでもらうことは、子どもにとって大きな喜びです。絵本を読んでもらう間、自分に注がれる愛情を実感することができます。友達と一緒に一冊の絵本を楽しむのも、一期一会のかけがえのないものです。

③豊かな想像力

　子どもはまだ想像と現実との境界線が曖昧なため、想像の世界にたやすく飛び込むことができます。怖さなど、目に見えないものがあることにも気付き始めます。現実に立ち向かう勇気や知恵を培うためにも、絵本の世界で想像力を育むことは、子どもの成長にとって大切なものといえるでしょう。

④言葉や絵の美しさ

　絵本を通して、普段の生活の中ではなかなか出会う機会のない美しい言葉や絵にも接することができます。ここでいう「美しさ」とは、感性に働きかける奥深さや多様性をもつもので、「きれい」というのとは異なるものです。

⑤未知の世界への入り口

　本は、人間にとって未知の世界への入り口です。その世界への入り方を知っていると、きっと人は生涯にわたって、強く生き抜いていくことができます。絵本は、子どもの好奇心を伸びやかに育む、その第一歩といえるでしょう。

2 ……絵本の力とは

①絵本と想像力

　授業で子どもの頃に好きだった絵本を学生にもってきてもらうと、必ず何人かが選ぶのが、『はじめてのおつかい』（筒井頼子作、林明子絵、福音館書店、1976年）です。表紙の女の子の笑顔から、弾むような気持ちが伝わってきますね。

　表紙の絵が絵本の中のどの場面にあたるのかを探してもらうと、この表紙の絵は絶対にあるはずだと思っていたのになかったと驚きの声が聞かれます。実は、この表情だろうと想像できる女の子の後ろ姿が、最後に出てきます。絵本を読んでもらっている子どもには、きっとその笑顔も見えているのでしょう。

②絵本まるごと一冊で「絵本」

　絵本を子どもに読む時には、表紙をしっかり見せ、題名と作者名も読みます。「これからこの絵本の世界に入っていきますよ」という合図になりますが、先ほどの例からは表紙自体に大きな意味があることが分かりますね。

　最後のページをめくったら終わりではなく、裏表紙も見せましょう。絵本の世界からの出口です。『はじめてのおつかい』でも、裏表紙まで物語が続いています。絵本を開けてすぐの「見返し」、もう一度題名が書かれている「扉」も、絵本の世界をつくる大事な要素です。絵本まるごと一冊で「絵本」だということを、ぜひ大切にしたいものです。

　また、描かれているところだけが「絵」ではありません。例えば『ねずみくんのチョッキ』（なかえよしを作、

上野紀子絵、ポプラ社、1974年）の表紙は、ほとんど余白です。しかし、この余白があるからこそ、ねずみくんの小ささを読者は実感できるのです。

3 …… 絵本から遊びへ

①遊びの環境構成

　1冊の絵本から、子どもは想像を広げます。もちろん想像するだけで、絵本は十分に子どもにとって楽しいものです。しかし、空想世界のものが現実での遊びへとつながることの喜び、またそれを一緒に絵本を読んだ友達と共有できるうれしさも、幼児期にぜひ感じてもらいたいところです。

　絵本から遊びへと、子どもたちの中で自然につながることもあります。また保育者が、1冊の絵本から子どもたちが遊びへと発展させる手助けとなるような環境を構成することもできます。そのためには、絵本の世界をしっかりと保育者自身が感じ取り、さらに子どもの気持ちに思いをはせることが必要です。

　次に、実際に学生が好きな絵本をじっくり読んで考えた実践例を紹介します。

②学生の実践例

　とりあげた絵本は、『いいからいいから』（長谷川義史作、絵本館、2006年）です。ぼくの前に突然現れおへそをとったかみなりの親子を、おじいちゃんは「いいから　いいから」ともてなします。かみなり親子もおへそを返してくれるのですが、戻ってきた場所はおなかではなく、さてどこだったでしょう。もう一度表紙を見ると、分かりますね。

　この絵本から考えた遊びの環境構成が、写真にある「おじいちゃん福笑い」です。絵本の展開を、ありえない場所に目や口があることを笑って楽しむ福笑いに置き換えて楽しむことができます。少々おかしな顔になっても、「いいから　いいから」とおじいちゃんのようにおおらかな心で子どもたちも遊びを楽しむことができるでしょう。

子どもたちと笑顔で絵本を楽しむ学生たち

絵本は左から、せなけいこ作・絵『めがねうさぎ』ポプラ社　1975年
長新太作・絵『だっこ　だっこ　ねえ　だっこ』ポプラ社　2005年
中川李枝子作、大村百合子絵『ぐりとぐら』福音館書店　1963年

📝 確認ワーク

1. 絵本を5冊、それぞれ①〜⑤の視点で読んでみましょう。
   ①子どもの頃のお気に入りの絵本を、なぜ好きだったのかを考えながら読み返
   してみましょう。
   ②家族や友人など、周りの人が薦める絵本を読んでみましょう。理由もぜひ、
   聞いてみてください。
   ③40歳以上の絵本（出版されてから40年以上たっている絵本）を読み、なぜ長
   く読まれ続けているのか考えてみましょう。例えば、上の写真で紹介した
   『ぐりとぐら』や『めがねうさぎ』も40歳以上の絵本ですね。
   ④図書館に足を運び、今まで読んだことのない絵本を読んでみましょう。
   ⑤子どもたちと一緒にいつか読んでみたい絵本を、見つけてみましょう。

2. 自分がおすすめしたい絵本の紹介
   カードをつくってみましょう。
   読んでほしいという思いが伝わるよ
   う、紹介文や絵を書きましょう。
   キャッチフレーズもつけてみてくだ
   さい（写真は学生の作品です）。

第 3 章　造形（イメージを形にする）

1 …… 乳幼児期における遊び（造形）の意義

①子どもの遊び（造形）とは

　みなさん自身は何かを「描くこと」や「つくること」は好きでしょうか。これまでに、生活の中で様々な絵を描いたり物をつくったりする経験や、図画工作や美術の授業で造形について学んだことがあるかと思います。これから保育者を目指すみなさんは、子どもの造形活動を支援するという視点から造形を学ぶこととなります。乳幼児期における遊びの一つである造形の意義について理解することは、子どもの成長を見守るうえで欠かせません。本章では、保育者に求められる造形理解とは何かを学んでいきましょう。

　みなさんの幼児期の体験を思い出してみてください。どんな遊びが好きだったでしょうか。運動をしたり、踊ったり、絵本から想像を楽しんだり、描いたり、つくったり、歌ったり、楽器を鳴らしたり…などなど、遊びはこれだけには尽きません。子どもたちは遊びながら様々なことを経験し、学び、成長していくのです。子どもたちは日々の生活の一部である遊びの中で様々な物や出来事に出会い、ごく自然に興味や関心を抱いたり、考えたりしながら知識や経験を増やし成長していきます。つまり、「遊ぶこと」が「学ぶこと」であるといえるでしょう。

　それでは、造形は私たちの生活にどのように関わっているのでしょうか。造形とは、主に何かを「描いたり」「つくったり」することを指します。人々は古来より「物づくり」をしてきました。生活に必要な物、便利な物、美しい物をつくることは文明の発展を促し、現在の私たちの豊かな生活につながっているのです。また、言語をもたなかった古代では見た物や感じたこと、伝達したいことなどを絵で記録し周囲に伝えました。描くこと、つくることは自分のイメージを表現する伝達手段の一つでもあるのです。つまり、物づくりは人間の営みの中でごく自然な行いであるといえるでしょう。

　造形は子どもの「感性」を育むうえで重要な役割を担っています。では、感

性とは何でしょうか。物事に心が動くこと、それが「感性」であるといえます。表現の方法には言葉、身体、音、物がありますが、感じたことや考えたことを自分なりに表現したり、友達同士で表現することを楽しんだりすることを繰り返しながら表現力を養っていくのです。造形表現は描いたり、つくったりすることですが、子どもたちは表現することを「楽しい、面白い！」と感じると、「もっと描きたい、つくりたい！」と意欲が湧き、豊かな感性と表現力を育んでいくのです。幼児期において様々な造形活動を経験することは、「より良いものをつくりたい」という気持ちから、粘り強く取り組んだり、他者と協力したりする姿勢を育むことにもつながります。それは古代から人々が脈々と育んできた、より良い暮らしをつくろうとする物づくりへの原点であり、豊かな人間性の形成へとつながっていくことになります。

②保育者に求められる感性と表現

　保育者として子どもたちの造形活動を援助するうえで重要なのは、成果物ではなくその過程であることを忘れてはいけません。保育者の造形における役割とは、見た目の整った教材をつくることや、子どもたちに見た目の良い作品をつくるよう指導する技術ではありません。子どもたちが物づくりに夢中になれるよう環境を整え、豊かな感性や表現力を養うために意欲を引き出して援助をすることです。そのためには保育者を目指すみなさんが、日々の生活や自然、様々な事象について関心をもち、「きれいだな」「楽しいな」などと感じる心を大切にしてください。その気持ちが、描いたり、物をつくったりする造形表現につながるのです。

2 …… 幼稚園や保育所、認定こども園における遊び（造形）の環境構成

　それでは、子どもたちにとっての豊かな感性や表現を促し、子どもの自発的な「楽しい！」「やってみたい！」という夢中になる気持ちを引き出すには、保育者は造形活動においてどのような援助をしたら良いのでしょうか。

①人的環境による援助…言葉かけ、対話、鑑賞

　子どもたちにとって描いたり、つくったりすることは、自分の感じたことや考えたことを表現したり、周囲の人に伝える手段の一つです。特に言語が未発達な幼児期においては気持ちを言葉では表現しきれないため、絵や物で表現する様子がしばしば見られます。また、子どもたちの造形表現は素朴な形で表現されることが多いので、大人や保育者は子どもたちの発達段階をふまえて受け止めることが重要です。

　制作途中では作品の良いところを見つけて言葉をかけたり、つまずきに対して援助をしたり、時には見守ったりすることも保育者の役割であるといえます。子どもの描いた物やつくった物にはメッセージが多く含まれていますので、見逃さないようによく観察してください。また、作品を介して子どもの気持ちに耳を傾けてみてください。子どもに「これは誰？」「これは何？」などと質問すると、色々と説明してくれることがあります。作品を飾ったり、友達同士で鑑賞し合ったりすることも子どもの制作意欲を引き出すうえで有用です。作品を飾ることは自分が認められたと感じることができ、お互いの作品を鑑賞することは学び合うことや相手を認めることにつながります。

②物的環境による援助…材料・道具・場所

　次に、子どもの制作意欲を促すには材料や道具、場所に配慮することも必要です。子どもたちが「つくりたい」という気持ちが湧き出てくるように、普段から保育室や園庭の一部に造形活動ができるコーナーが設けられていることが望ましいです。しかし、ただ物を置いておくだけでは子どもの意欲を促すには不十分です。その時に子どもたちが興味をもっていること、子どもたちに学んでほしいことなどを保育者が把握し、適切に材料や道具、場所を提供することが大切です。また、テーマをもった造形活動の場合は、内容に沿って材料や道具、環境を準備しておきます。教材を提示することも有用です。子どもたちは教材を見て「つくってみたい」と意欲が促されることもあります。ただし、教材はあくまで一例であり、子どもの自由な発想力を損なわないように個々の表現が展開できるように提示することが必要です。

③小学校教育への学びの接続

　子どもたちの遊びには、様々な学びの要素が含まれ未分化です。小学校の教科教育である図画工作科、体育科、音楽科のようにそれぞれが独立しているわけではありません。例えば、「散歩をしながら落ち葉や木の実などを拾い、それを用いて作品をつくり飾って楽しむ」という行為には様々な教科への学びの要素が含まれています。遊びを通して子どもたちは様々な分野への経験を積み、学びの基礎や人間性を自然に培っていくのです。

　周囲の大人や保育者は小学校の図画工作科との接続を意識しながらも、子どもたちの発達段階に即した活動を援助し、すべての学びへの基礎を育んでいるという意識をもつことが大切です。

📝 確認ワーク

　「描くこと」や「つくること」の楽しさを感じましょう。

1．【感じる】：生活の中で美しい物や心を動かす出来事に触れ、「感じたこと」「考えたこと」について思いを巡らしてみましょう。

2．【描く、つくる】：「感じたこと」「考えたこと」を絵や立体で表してみましょう。

3．【相互鑑賞】：作品を飾り鑑賞してみましょう。その際、自己の作品について「表したいこと」「工夫したところ」などを述べたり、他者の作品について「良いところ」や「面白いところ」などを伝え合ったりしてみましょう。

第 **4** 章　音楽（心を豊かに通わせる）

1 …… 乳幼児期における興味・関心と音・音楽との関連について

①音から音楽へ

　この世に生を受けてから今まで、あなたはどのような
音を耳にしてきましたか。お母さんのお腹の羊水の中で
感じたぼんやりと聞こえる優しい声や心強い鼓動、寄せ
ては返す波のような呼吸の音、客観的に聞くことのでき
ない自分の声、リンゴを噛むときの咀嚼（そしゃく）の音、お母さ
んやお父さんの心落ち着く声、歩く場所や靴によって変
化する足音、四季の移り変わりや風の気分によって変化

する木々のせせらぎ、野原で奏でられる虫の声、うれしく、さみしく、安心す
る雨の音、静寂の中の張りつめた無音など、様々でしょう。それらの音を聞い
て、あなた自身が感じた音の印象も多様であると思います。

　子どもたちは、自分の成長段階における環境の中で、五感に働きかけてくる
情報を絶えず体に吸収していきます。心に強く刻まれた印象（心情や情景）は、
子どもの興味や関心の芽生えへとつながり、自発的な遊びへと発展していきま
す。例えば、初めて聞く音を耳にして、「どこから聞こえてきたんだろう」「ど
うしてそんなに面白い音がするんだろう」という興味や関心が芽生えたとしま
す。もしもその音を自分でも出すことができそうだと認識すれば、その音を再
現しようと試みるでしょう。さらに、その音の色合いが変化することに気付けば、
「どうして変化するんだろう」「どうやったら変化させることができるんだろ
う」という具合に、次から次へと興味が生まれ、音を楽しむ遊びが広がってい
きます。また、年齢とともに成長し、仲間との関わりをもつ中で、その音を一
緒に鳴らしてみたり、あえて違う音を鳴らしてタイミングをずらしてみたり、
音で会話のように遊ぶ経験を通して、子どもたちの音に対する興味や気持ちが
互いに近づき通い合い、想像力が膨らんで多様な遊びへと発展していくのです。

　これらのプロセスの中で、聞こえてきた音の印象を意図的に自分なりに音で模

倣し、模倣を繰り返す中で音の有無の連続性が生み出され、それらによる世界（時間）が流れ出した時、音は音楽へと発展していきます。このことから、保育者を目指すみなさんは、音や音楽のもつ魅力を子どもたちと共有し、子どもたちの興味を遊びへと導いていくための柔軟な発想の 礎 となる知識、技能、経験を、子どもたちの興味や関心をもとに蓄積していくことが求められるでしょう。併せて、音の魅力や、音楽の裏側にある世界観（心情も含む）を感じるための視点を得て、「音楽だけにとらわれない表現の根源に触れていくこと」が重要です。

　一般的な音楽の定義は、「音による芸術。拍子・節・音色・和音等に基づき種々の形式に曲を組み立て、奏すること」[1] とされています。一方で、John Cage（1912-1992）が作曲した「4分33秒」という珍しい音楽があります。何かを発する人（演奏者）、それを受けて何かを感じる人（聴衆）により、実際に4分33秒間、無音で演奏されるというとても斬新な曲です。無音であっても、「その音（ここでは想像する音）による世界（時間）が流れ出した時、音は音楽へと発展していく」という点で、この曲も立派な音楽であるといえます。しかし、無音でも音楽といえるからといって、音楽の構造を理解しなくてもいいということではありません。子どもの興味から生まれた試行の次なる方向性を予想し、その先の展開へのきっかけを提案し援助していくうえで、音楽の構造を理解することは、音楽の性質を活かし音楽の魅力を感じることのできる活動につなげていくことにおいて、とても重要なことなのです。

②音楽の基本的な構造

　私たちが普段耳にする西洋音楽には、音楽の基本的構造を示す「音楽の三要素」というものがあります。リズム、メロディ、ハーモニー（和音）の3つです。これらについて簡単に説明していきます。

　リズムは言葉のアクセントから生じる言葉のリズムと密接な関係にあります。また、生き物の動作や物の動きから生まれるリズムを手軽に表わすことができます。声や言葉と合わせて手のひらをトントン叩いたり、動物のまねをして動きながら動物の特徴ある足音のリズムを楽しんでみたりなど、子どもと保育者が一番簡単に楽しむことのできる音楽の要素の一つです。

　メロディは言葉のイントネーションと密接な関係にあります。また、感情の

高低や情景における動きを表わすことができます。実際に普段の生活の中の様々な場面において、子どもたちは、その時の心境によって音声の色合いを無意識に変化させ、同じ言葉でも声の高さや声の質に変化をつけて言葉を話しているのをよく耳にします。かくれんぼの時の、鬼：「もーぅいーぃかーぃ？」、その他：「まーだだよーぉ…」のような何度も繰り返される、遊びの中での駆け引きが含まれたやりとりがその分かりやすい例ですね。

　ハーモニー（和音）にはいくつかの種類があり、聞くだけで明るい感じがしたり、不思議な感じがしたり、悲しい感じがしたりなど、音楽の三要素の中でとても神秘的な存在です。また、感情や情景の移り変わりを包括的に表わすことができる特徴をもっています。子どもが歌を歌う時など、曲の進行に沿ってハーモニーが移り変わっていくことで、メロディ、リズム、歌詞からだけでは感じることのできない世界観を感じることができるでしょう。

　これらの音楽の要素が、単独または複合的に混ざり合い、音楽に子どもたちの様々な意思が宿った時、深い魅力を感じ合うことができるのです。

2 …… 音楽が生まれる動機について

①乳児期

　乳児期の場合はまだ上手に言葉を使って他者とコミュニケーションをとることができませんが、乳児は、自分に優しく語りかける保育者の言葉のメロディやその温度、色、リズム、雰囲気を、五感を通して感じながら、そこで芽生えた自分の意思を、声のトーン、顔の表情、体の動きなど、可能な限りのあらゆる方法で表出し、伝えようとします。それを受けて保育者が、手を優しく握ったり、話しかけたりするなど、乳児の反応から感じたことを様々な方法で優しく乳児に返してあげることで、音楽のようなコミュニケーションをとることができます。言葉を話すことができない乳児の表出（心情）を受け止めて、保育者が共感し乳児に返してあげることは、第1節第1項で述べた、「何かを発する人（演奏者）、それを受けて何かを感じる人（聴衆）」の関係にとても似ています。時には乳児と一緒に何かを発する人になってみたり、何かを感じる人になってみたりするなど、このような心の通うコミュニケーションこそ、音楽やその他の表現の礎なのです。

②幼児期

　幼児期になると、徐々に身の回りで興味をもった物の場所まで自分で行くことができるようになり、一人遊びから仲間同士で遊ぶようになります。様々な大きさの石と石を打ち鳴らしたり、プールで水を叩いてみたり、寒々とした北風の様子を息でまねしたりするなど、子どもたちの日常の環境から音を探してみると、既存の楽器に頼らずとも、自然のあらゆるものが楽器に成り得ることに気付くでしょう。さらに、行事や子どもの間ではやっていることなどをテーマにして、子どもたちがテーマに合う自分なりのお気に入りの音を発する素材を身の回りの生活の中から探し、その音を使って合奏等をすることで、どうしてその音が好きなのか、その音はどういう印象なのか（弾んでうれしいような音、キンキンして怒ったような音）など、音からの印象を子ども自身が認識するようになります。そして、どういう雰囲気で音を奏でたいかなど、自分なりに想像して音を奏でる工夫に取り組むことで、様々な表現を主体的に楽しむことにつながっていくことでしょう。

　保育者を目指すみなさんは、本章でどのようなことを感じたでしょうか。日常生活の中で、子どもたちに芽生えた興味や関心を音楽につなげていくことが、保育者として最も重要であることを心に留めておきましょう。

　さあ、まずは第一歩として、あなたの身の周りにある音に目を向けてみましょう。

✎ **確認ワーク**

日常生活の中での印象的な音を5つ探して、下に記述してみましょう。

聞こえた音 （感じた音）	時間と場所	音のリズム （オノマトペでも可）	感じた印象
【例】 ・朝の鳩の鳴き声	・早朝の布団の中	・ポーポワッパパー	・柔らかくて音が丸い感じで心が落ち着く

第 **4** 部

子どもの
生活と学び

1 ……幼稚園・保育所・認定こども園の1日

①幼稚園・保育所・認定こども園とは

　子どもたちの、家庭から社会への第一歩。ほとんどの子どもは、就学前に、幼稚園、または保育所、あるいは認定こども園へ通っています。さて、幼稚園・保育所・認定こども園は、何がどのように違うのでしょうか。

　幼稚園は文部科学省、保育所は厚生労働省、認定こども園は内閣府…、管轄はそれぞれ違っているけれど、子どもの立場になって考えてみるとどうでしょうか。大好きな先生や友達が待っていて、安心して過ごす場所、夢中になって遊ぶ場所、そして、生活や遊びからたくさんのことを学ぶ場所です。幼稚園も保育所も認定こども園も子どもにとっては同じで、自分らしさを思い切り表現できる自由で幸せな世界です。幼稚園・保育所・認定こども園は、各家庭の状況に応じて、大人が子どもをどこに通わせるべきか考え、選ぶための基準と考えた方がよいかもしれません。

表4-1-1　幼稚園・保育所・認定こども園の比較

	幼稚園	保育所	認定こども園
所　　管	文部科学省	厚生労働省	内閣府
根拠法令 (施設名)	学校教育法 (学校)	児童福祉法 (児童福祉施設)	就学前の子どもに関する教育、保育等の総合的な提供の推進に関する法律 (学校・児童福祉施設)
対　　象	満3歳から就学前の幼児	保育を必要とする子ども	就学前の子ども
保育者	教　諭	保育士	保育教諭
必要な免許・資格	幼稚園教諭免許状	保育士資格	幼稚園教諭免許状・保育士資格
指導の要領・指針	幼稚園教育要領	保育所保育指針	幼保連携型認定こども園教育・保育要領

②幼稚園・保育所・認定こども園の生活

　次に、幼稚園・保育所・認定こども園の実際の生活をのぞいてみましょう。子どもたちの園生活はどのように成り立っているのか、子どもの活動を通して、少し丁寧に見てみましょう。

　表4-1-2は、ある園の1例ではありますが、幼稚園と認定こども園の1号認定の子ども、保育所の3歳以上と認定こども園の2号認定の子ども、保育所の3歳未満と認定こども園の3号認定の子どもは、それぞれ同じようなタイムスケジュールで1日を過ごしていることが分かります。

　また、それぞれを見ると、年齢に応じて少しずつ食事の時間が異なっています。さらに、園生活が長い保育所や認定こども園においては、おやつや午睡の時間が設けられています。食事や睡眠は子どもの成長に欠かすことはできません。このように、子どもの年齢や家庭の生活も含めた環境に応じて、必要な配慮がなされています。つまり、園が子どもの生活の場の一部であり、心身の育ちの経験の場であることが分かります。

　そして、子どもの園生活の中心は遊びであることが分かります。この遊びから、子どもたちは生活に必要なすべてを学んでいるといってもよいかもしれません。遊びが"選んだ遊び"と書かれていることに気が付きましたか。主語は子どもです。子どもが興味をもって、「面白そうだな」「やってみたいな」「こうしてみたらどうかな」などと、自分から思わず遊び出したくなるような環境を構成することが保育者の重要な役割です。日本の保育者が実践している「環境を通して行う教育・保育」とは、常に子どもが主体的に行動することを意味しています。また、就学前の子どもは、小学校以上のように、教科ごとに学ぶのではなく、遊びから生活に必要な様々なことを総合的に学んでいます。身体や心を動かしながら、周りの人や物、自然や動植物と関わりながら、そして、一人一人が自分らしく、思いや考えを伸び伸びと言葉や身体を使って表現しながら、たくさん遊ぶ中で生きる力を身に付けていく、ということです。

　就学前の子どもは、年齢に応じた発達の姿に即した知識や技術を覚えることだけが重要ではなく、小学校以降の学びがさらに楽しくなるような、自ら進んで学びに取り組む意欲がもてるような、心の基盤づくりが重要となってきます。

表4－1－2　幼稚園・保育所・認定こども園の1日（例）

時間	幼稚園 認定こども園（1号認定）	保育所（3歳以上） 認定こども園（2号認定）	保育所（1歳以上～3歳未満） 認定こども園（3号認定）	保育所（1歳未満） 認定こども園（3号認定）
7：00 8：30		[早朝保育・視診] ・随時登園（保護者の仕事などの状況に合わせて） ・挨拶・視診・持ち物の整理 ・選んだ遊び（室内） ・片付け [所属クラスへ]		
9：00 9：30 10：00	・登園 ・持ち物の整理 ・選んだ遊び 　（戸外、室内） 固定遊具、ボール、鬼ごっこ、砂場、ブロック、絵本、ままごとなど その他、子どもが考え出した遊びや、保育者が計画した遊び	・持ち物の整理 ・選んだ遊び 　（戸外、室内） 固定遊具、ボール、鬼ごっこ、砂場、ブロック、絵本、ままごとなど その他、子どもが考え出した遊びや、保育者が計画した遊び	・持ち物の整理 ・午前のおやつ ・選んだ遊び 　（戸外、室内、散歩など）	・睡眠 （月齢対応） ・おむつ替え ・マッサージ、体操 ・授乳・おやつ ・選んだ遊び 　（戸外、室内、散歩）
11：00 11：30 12：00 12：45	・片付け ・排泄・昼食準備 ・昼食 ・歯磨き ・選んだ遊び 　（戸外、室内） ・片付け	・片付け ・排泄・昼食準備 ・昼食 ・歯磨き・排泄 ・着替え ・午睡（5歳7、8月のみ）	・片付け ・排泄・昼食準備 ・昼食 ・排泄・着替え ・午睡	・離乳食 ・おむつ替え ・午睡
14：30 15：00		・起床・排泄 ・おやつ	・起床・排泄 ・おやつ	・検温 ・おむつ替え ・授乳・おやつ ・選んだ遊び 　（室内）
15：30	・降園準備 ・帰りのひと時 　話し合い、絵本、歌など ・降園	・選んだ遊び ・帰りのひと時 　話し合い、絵本、歌など	・選んだ遊び 　（室内）	・睡眠 （月齢対応）
	[預かり保育] ・おやつ	・降園準備	・降園準備	・おむつ替え
17：00 19：00	・選んだ遊び <ゆったり過ごす>	・随時降園（保護者の仕事などの状況に合わせて） [延長保育] ・おやつ・選んだ遊び（戸外、室内） 　<ゆったり過ごす>		

2 ……　幼稚園・保育所・認定こども園の保育内容

①幼稚園・保育所・認定こども園の役割

　近年、幼稚園に通う子どもより、保育所に通う子どもの方が多くなりました。子育て世代の共働き世帯が全体の9割以上を占めるようになり、子どもを預けて働きに出かける家庭が増え、特に、0～2歳児の保育ニーズが高まっています。そのような、社会状況を受けて、2015（平成27）年4月から「子ども・子育て支援新制度」がスタートしました。これは、幼児期の教育・保育の「量」の拡充と「質」の向上を進めるために生まれた制度です。まず、「量」の拡充は、親の就労に応じた十分な受け皿を確保し、待機児童をなくすことなどです。そして、「質」の向上では、幼稚園に通う子どもも、保育所に通う子どもも、認定こども園に通う子どもも、すべての子どもに質の高い幼児教育を受けられるようにしていくというものです。小学校就学前の幼児教育を一緒の方向にしよう、幼児教育が小学校・中学校へとつながるものにしようという考えに基づいています。この新制度の中で、重要な役割を担っているのが、「幼保連携型認定こども園」です。幼稚園が位置づけられている「学校」と、保育所が位置づけられている「児童福祉施設」の機能を併せもつ施設として、今後は増えていくと考えられています。

　この3施設の幼児教育が幼児期にふさわしいものであるために、「幼稚園教育要領」「保育所保育指針」「幼保連携型認定こども園教育・保育要領」の3法令が同時に改訂（定）されました。そこで、3歳以上の子どもについての「幼児教育の共通化」と小学校から見た時の「幼児教育で育つ力の明確化」が図られました。保育所と幼保連携型認定こども園における、1歳以上3歳未満の保育内容と乳児（0歳児）の保育内容も同様に統一されました。

②幼稚園・保育所・認定こども園の教育・保育

　0歳児～2歳児頃までは、心身の発達が形成されるうえでとても重要な時期です。この時期の子どもが、生活や遊びの様々な場面で自分から周囲の人や物に興味をもち、直接関わっていこうとする姿は、「学びの芽生え」といえるものであり、生涯の学びの出発点でもあります。乳児（0歳児）は、発達の様々

な面が未分化であるため、３つ
の視点で保育内容を整理してい
ます。それが、１歳以上の５領
域につながっていきます（図４
－１－１）。

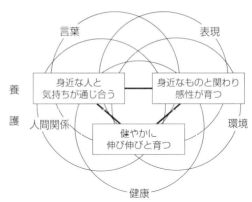

図４－１－１　３つの視点と５領域の関わり

出典：厚生労働省「保育所保育指針の改定に関する議論の
とりまとめ」2016年

※生活や遊びを通じて、子どもたちの身体的・精神的・社会的発達の基礎を培う

　乳児から幼児（１歳以上）に
なると、遊ぶ力や生きる力の基
礎となる「楽しい！」「面白
い！」という『心情』、「やって
みたい」「まねしてみたい」と
いう『意欲』、そして、それが
実際の行動となっていく『態
度』などを培うために必要な保
育のねらいや内容を、子どもの心身の成長や様々な能力の発達を考えて５つの
領域で示しています。

　「健康」「人間関係」「言葉」「環境」「表現」の５つの領域は、実際の保育場
面では、小学校の教科のように、別々に区別されて経験したり、指導されたり
しているのではなく、一つの遊びや活動の中に様々な要素（領域）が総合的に
含まれています。

　例えば、砂場で大きな山やトンネルをつくろうとしている子どもたちの姿か
ら５領域のねらいや内容を考えると、「進んで戸外で遊ぶ」「様々な活動に親し
み、楽しんで取り組む」という「健康」の内容や、どうやって山を固くしよう
か、崩れないトンネルを掘ろうかと友達と考えながら遊ぶ姿には、「友達のよ
さに気付き、一緒に活動する楽しさを味わう」という「人間関係」のねらいが
含まれています。

　水をかけることで変わる砂の性質を知り、どんな道具を使おうかと考えるこ
とは、「生活の中で、様々な物に触れ、その性質や仕組みに興味や関心をも
つ」という「環境」で示されている子どもの姿と重なります。

　山やトンネルづくりをする中で、友達に自分の思いや意見を伝え、一緒に相
談することは、「したり、見たり、聞いたり、感じたり、考えたりなどしたこ

とを自分なりに言葉で表現する」姿であり、こうしたいという自分のイメージを伝えるための言葉を見つけることは、「生活の中で必要な言葉が分かり、使う」ことであり、言葉を豊かにすることにつながっていきます。

　また、砂場で感じる水や砂の音、形、色、手触り、動きは何かで表現する時に必要なイメージの土台になります。「生活の中で様々な音、形、色、手触り、動きなどに気付いたり、感じたりするなどして楽しむ」ことには、領域「表現」の学びがあります。学ぶこと自体が、子どもたちの「表現すること」そのものになっているといえます。子どもたちが生活の中で様々に表現し、表現することがつまり、遊びになっていることが理解できると思います。

　この5領域を窓口とした生活や経験を通して、子どもたちは生きていくために必要な「資質・能力」を獲得していきます。「知識及び技能の基礎」「思考力、判断力、表現力の基礎」「学びに向かう力、人間性等」という、小学校以上の教育につながる資質・能力の「3つの柱」の基盤が遊びであるといえます。5領域のねらいや内容を大切にしながら生活をすることで、5歳児後半になると「幼児期の終わりまでに育ってほしい姿」が現れてきます。

　幼稚園・保育所・認定こども園の教育・保育は遊びや生活が中心であることが分かりましたが、保育者はただ子どもの世話をしたり、遊びを見守ったりしているだけではありません。社会情勢や地域の環境、子どもの家庭の様子や年齢、発達を十分理解したうえで、園全体の計画や指導計画を立案しています。一人一人の子どもの育ちに見通しをもち、子どもの健全な成長を願いながら、ねらいをもって教育・保育をしています。

　次の章では、それぞれの領域から、子どもの遊びや生活における保育者の関わりを見てみましょう。

確認ワーク

1. あなたが、幼稚園や保育所に通っていた頃を思い出して、1番心に残っている事柄をあげてください。そして、その理由を考えてみましょう。
2. 子どもたちが、園で経験する「ままごと遊び」「積み木遊び」などから、それぞれ、どんな経験をしているかあげてください。そして、経験から何を学んでいるか考えてみましょう。

1 …… 乳児の保育

①乳児の保育はなぜ大切か

　乳児と聞くと、みなさんはかわいらしい赤ちゃんの姿を思い浮かべるのではないでしょうか。乳児は、児童福祉法において「満1歳に満たない者」と定義され、0歳児のことを指します。ひと昔前には、「子どもが幼いうちは母親が家庭で養育するべき」といった考え方が根強くありました。しかし、様々な研究によって根拠がないことが証明され、今では「3歳児神話」といわれています。乳児の保育が求められるようになった背景には、出産しても仕事を続けたいと考える女性が多くなったことがありますが、乳児の保育の需要の高まりには、保育所の数が増えたことや、低年齢児の受け入れ枠が拡大されたことが大きいといえます。

　そして、近年の様々な研究成果から、非認知能力を高める保育の重要性や赤ちゃんは有能で主体的な存在であることが認識されるようになり、乳児（0歳児）からの保育の質を高めていくことがますます大切になっています。

②乳児保育における受容的・応答的な関わりとは

　受容とは、「相手の行動や感情を価値づけすることなく、あるがままに受け入れること」を意味し、保育者が「子どもの存在をあるがままに受け入れる」ということです。保育における応答的な関わりを考えてみると、乳児（0歳児）の場合、保育者に向ける視線や表情や体の動き、泣き、喃語などの非言語的表現や言語的表現に対して、保育者が愛情を込めて温かく受容的・応答的な関わりを積み重ねることによって、特定の大人との愛着関係や信頼関係が築かれていくのです。

　「保育所保育指針解説」においても乳児保育における保育の内容に関して、

「受容的な関わり」や「応答的な関わり」についての記述が何度も見られ、保育者の役割として個々の発達に応じた「受容的・応答的な関わり」の重要性が示されているといえます。

③乳児保育の「ねらい及び内容」に示される3つの視点

・身体的発達に関する視点「健やかに伸び伸びと育つ」
・社会的発達に関する視点「身近な人と気持ちが通じ合う」
・精神的発達に関する視点「身近なものと関わり感性が育つ」

　上記に示されているのは、「保育所保育指針」における乳児保育に関わる「ねらい及び内容」に示される3つの視点です。乳児においては、1歳以上の「領域」につながる「3つの視点」で育ちを見ています。

　それでは、事例1、事例2を通して、「3つの視点」や「受容的・応答的関わり」について考えてみましょう。

事例1

6か月：「いないいない　ばぁ」

　はいはいが上手になってきたM男は、自分の身体を使って移動できるようになったことに喜びを感じているようで、意欲的に部屋のあちこちを探索しています。特定の保育者との愛着関係も深まり、甘えたり、感じたことを「あーあー」「まんまん」など、喃語を使って知らせたりしています。

　今日は、はいはいをしてカーテンを手で掴んで自分の身体がカーテンの中に隠れると、お座りをしたまま、カーテンの下から足だけのぞかせ静かにしています。保育者が、「Mくん、いないいない〜いないいない…」と言葉かけをすると、M男はカーテンから顔をのぞかせ、保育者が「ばぁ」と言うと視線を合わせ「キャッキャ」と声をあげて喜んでいます。

ばぁ

　そして、再びカーテンの中に隠れて静かにしていますが、保育者が再び「いないいない…」と言葉かけをし「ばぁ」と言うと歓声をあげて、何度もカーテンに隠れては顔を出し、保育者とのやりとりを繰り返し楽しんでいます。

　事例１では、カーテンの中に入ったＭ男は、視野の遮り_{さえぎ}を楽しみながらも、保育者の「いないいない…ばぁ」の言葉かけを期待して顔を出し、保育者に温かく受け止められた喜びを「キャッキャ」という歓声で表現しています。これまでも保育者は「いないいないばぁ」遊びをＭ男に見せることで遊びを楽しんできましたが、今度は、カーテンの中に入ったＭ男の姿を捉え言葉をかけています。Ｍ男はこれまでの保育者の「いないいないばぁ」遊びの姿から、自ら主体となり「ばぁ」と顔を出すことを学習していることが分かります。

　また、乳児保育の３つの視点の中の「身近な人と気持ちが通じ合う」のねらいである、「①安心できる関係の下で、身近な人と共に過ごす喜びを感じる」「②体の動きや表情、発声等により、保育士等と気持ちを通わせようとする」「③身近な人と親しみ、関わりを深め、愛情や信頼感が芽生える」を読み取ることができ、特定の保育者との間に芽生えた信頼関係を感じることができるでしょう。

事例2

９か月：離乳食の援助「モグモグ期」

　保育者が白いエプロンと三角巾を身に付けると、９か月のＫ子は、自らテーブルの席に座ろうとします。保育者が「Ｋちゃん、今日はうどんだよ」とお皿を見せると「まんま」と声を出しています。

　保育者は「食べたいね」とスプーンを口元までゆっくりと運ぶとＫ子は目で追い、スプーンが唇に軽く触れると自ら口を開いて食べます。保育者が「まんまんまん…」と言いながら口の動きを見せるとＫ子も保育者の口元を見て舌でつぶすような仕草をしながら食べています。

　保育者は「おいしいね」と言葉かけをし、「もう一回、はいどうぞ」とＫ子の口元までスプーンを運んでいます。

野菜だしうどん・りんご角切りヨーグルト

かぼちゃ豆乳パン・バナナヨーグルト

　事例2では、保育者が白いエプロンを付けると、K子が自分の席に座ろうとする姿から、食事の時間と理解していることが分かります。子どもが安心感をもって主体的に生活するために、保育者は日課（デイリープログラム）に沿って、いつもと同じ場所や方法で保育しています。給食室で月齢やその子どもの発達に合わせた離乳食をつくってもらい、保育者が食事を与えます。事例からも分かるように、まずは、子どもにお皿を見せたり「うどんだよ」と献立を知らせたりします。まだ「まんま」などの1語文の出始めの時期ですが、「まんま」（たべたい！）と乳児の表情や単語から内面の要求をくみ取り、保育者は「たべたいね」と言葉をかけ、「受容的・応答的な関わり」をしています。また、保育者はゆっくりとスプーンを運び、唇に軽くスプーンが触れるように援助し、K子自らが主体的に食べるという行為を引き出しています。

　このように、乳児期は養護面の働きが特に重要になりますが、教育に関わる側面も含みながら、養護と教育が一体的に行われることを意識して保育することが大切になります。

📝 確認ワーク

1. 乳児保育の3つの視点を書き出してみましょう。
2. 自分が乳児だった頃のエピソードを家族に聞いたり、写真を持参したりしてまとめてみましょう。また友達同士で発表してみましょう。
3. 友達とペアになり、乳児役、保育者役を決めて「受容的・応答的な関わり」について、実践してみましょう。
4. 乳児の離乳食について、【5〜6か月頃】初期（ゴックン期）、【7〜8か月頃】中期（モグモグ期）、【9〜11か月頃】後期（カミカミ期）の献立を調べてみましょう。
5. 乳児の遊びや玩具について調べてみましょう。

2 …… 生活と健康

①健康の視点

　領域「健康」は、健康な心と体を育て、自ら健康で安全な生活をつくり出す力を養うことを目的としています。健康な心と体を育てることは、単に体を健康な状態にすることだけでなく、情緒が安定し、明るく伸び伸びと自分のやりたいことに向かって行動し、充実感や満足感を味わう経験を積み重ねていけるようにすることです。領域「健康」の目的から保育を見ると、3つの方向性をもって展開されています。「心が安定すること」「積極的に体を動かすようになること」「健康で安全な生活を営めるようになること」です。

②心が安定すること

　心が安定することは、子どもたちが家庭を離れ、幼稚園や保育所、認定こども園で過ごすうえで最も大切であり、園生活の基盤となります。子どもたちは、心が安定することによって、友達などの周囲の人と関わることも、遊びや活動に自分から取り組んでいくこともできるようになり、様々な経験を重ねていくことができます。

　特に入園直後は、新しい園生活に期待をもつ子どももいますが、母親や父親などと離れて過ごすことに大きな不安や緊張を感じ、大泣きしたり、じっと立ちつくしたりする子どもも少なくはありません。子どもたちが不安や緊張を表現する仕方は、一人一人異なります。保育者は、その一人一人の不安な気持ちに気付き、園生活が安心できるものになるよう援助していくことが必要です。

事例1

Rちゃんのままごとコーナー（3歳5か月）

　入園当初、Rちゃんはとても不安を感じているようでした。登園時はお母さんの足にぴったりとくっつき、お母さんと別れる時には激しく泣き、保育者が抱っこをしようとしても、全身を使って拒絶するくらいでした。園では、部屋の入口でじっと座って過ごしていました。

　しばらく、そのような日が続いたある日、Rちゃんが傍（かたわ）らに落ちていた食べ物のおもちゃを拾って、持っていました。T先生は、「いいものもってるね。そ

うだ、いいものあるよ」とままごとコーナーからお皿をもってきて、Rちゃんの前に置きました。Rちゃんは何も言わずじっとしていましたが、しばらくすると、Rちゃんは食べ物のおもちゃをお皿に乗せました。そこで、T先生はRちゃんに聞こえるように、「ごちそうとお皿をここに置いておこうかな」と、ままごとコーナーの丸い机の上に置きました。しばらくすると、Rちゃんは少しずつままごとコーナーに近づき、遊び出しました。

　次の日から、ままごとコーナーがRちゃんのお気に入りの場所になりました。泣いて登園することは続きましたが、落ち着くと、自分でままごとコーナーに行って、そこで過ごすようになりました。ままごとコーナーを心のよりどころにしながら、Rちゃんの行動範囲は広がり、入園して3か月が経つ頃には、笑顔で過ごせるようになりました。

　入園し、生活や環境の変化から大きな不安を感じていたRちゃんですが、遊びをきっかけに自分の居場所を見つけたのです。子どもたちは、園生活の中で、心のよりどころを見つけ、安定して過ごしていくようになります。心のよりどころとなるのは、保育者かもしれませんし、友達かもしれません。Rちゃんのように、遊びのコーナーのような場所かもしれません。保育者は、子ども一人一人の心のよりどころを把握し、そこを基盤にしながら園生活が安心できるものとなるように援助していくことが大切です。

　また、預かり保育や延長保育を利用する子どもが増えています。子どもたちの中には1日の大半を園で過ごす子もいます。園での生活が安心できるものであっても、様々な友達と過ごす中ではストレスや疲れを感じてしまいます。子どもの心の安定を考えた時、預かり保育や延長保育では、興味や関心を引き出す環境を整えることとともに、子どもたちがゆったりとした気持ちで過ごせる家庭的で落ち着いた環境や温かな保育者の関わりも大切です。

③積極的に体を動かすようになること

　幼稚園や保育所、認定こども園の1日の生活の中で、子どもたちが体を動かして遊んでいる姿が多く見られます。子どもは運動に対する意欲を生まれつきもっています。しかし、運動に対する意欲は周囲の大人の関わり方や環境によって大きく左右されます。子どもたちの運動遊びにおいて、保育者にはどの

ような役割が必要なのでしょうか。

　"運動遊び"という言葉を聞くと、跳び箱や鉄棒などを思い浮かべ、保育者の役割としては、跳び箱や逆上がりができるようにすることと思うかもしれません。しかし、乳幼児期の運動遊びは、"遊び"であることが前提です。ですから、運動遊びでは子ども自身が決めたことを尊重することがとても大切です。保育者が決めたことを一方的にやらせるのではなく、子どもたちが"やってみたい""面白そう"と思えるような様々な環境を用意し、その中で、子どもたちがやりたいことやその方法、ルールなどを自分たちで決めて取り組んでいけるように援助することが保育者の役割です。

　また、運動遊びの場面では、"できる""できない"ことだけに保育者の関わりが向かないように気を付けなくてはいけません。運動は、子どもの自己概念の形成に大きく影響します。"できた"という成功経験は、自分に対する自信である有能感を高めます。一方、"できなかった"という失敗を何度も経験すると、無力感につながってしまいます。そのため、成功したことだけを褒めるのではなく、失敗しても何度も挑戦している頑張りや気持ちなど、プロセスに目を向け、褒めたり、認めたりしていくことが大切です。

④健康で安全な生活を営めるようになること

　乳幼児期の子どもは、食事や排泄、清潔などの生活に必要な習慣を身に付け、自立に向かっていきます。子どもたちが生活習慣を身に付けていく過程は、自立へのプロセスということができます。子どもたちが生活習慣を身に付けていくためには、大人の関わりが必要です。では、保育者として、どのような関わりが必要でしょうか。

　生活習慣を身に付けることは、身の回りのことを自分で行う方法を習得していくことです。そのため、"早くできるようになること"に大人の意識が向いてしまいがちです。しかし、乳幼児期は生活のスキルができるようになったかどうかよりも、「自分でやってみよう」「自分でできてうれしい」という気持ちが育っているかどうかが大切であり、そのスキルを身に付けていくプロセスに目を向けて関わっていくことが必要です。気持ちが育つことで、"もっとやってみよう"という意欲が高まり、結果として、生活習慣の発達につながっていくのです。

事例2

自分のことは『ジブンデ』（1歳5か月）

　Yくんは、服を着たり、靴を履いたりする時には、「ヤッテ！」と保育者に甘える姿が多く見られます。パトカーの乗用玩具が大好きで、毎日のように乗って遊び、満足するまで遊べないと、「モット！」と怒ることも少なくありませんでした。

　園庭で遊ぶための準備をしていた時のことです。いつもなら、一番に保育者のところへ来て「ヤッテ！」と言うYくんですが、この日は、自分で履こうとしていました。しかし、靴下の向きが合わず、何度もやり直していました。その間に、ほかの子はどんどん園庭に遊びに行き、Yくんだけがテラスに残りました。その様子を見たM先生は、「先生がやろうか？」と声をかけましたが、Yくんは首を横に振り、「ジブンデ！」と言いました。靴下を履くと、靴も自分で履こうとします。遊ぶ時間がなくなってしまうことを心配したM先生は「先生がやってあげるよ」と言いましたが、Yくんは、首を横に振り、「イヤ！　ジブンデ！」と強い口調で答えます。M先生はYくんの気持ちの強さに気付き、「そっか。分かった。Yくんは自分でしたいんだもんね」と話し、見守ることにしました。

　Yくんはようやく靴が履けると、「うん」とうなずいて園庭に駆けていきました。しかし、Yくんが遊び始めたと思った頃に、片付けの時間になりました。十分に遊べないと怒ってしまうことの多いYくんですが、この日は満足そうな顔をして、一番に保育室に戻ってきました。M先生が「ちょっとしか遊べなかったけど、良かったの？」と尋ねると、ニコッと笑って、大きくうなずきました。

　保育者はYくんの「ジブンデ」の気持ちに気付き、靴下や靴を自分で履こうとする気持ちや生活のスキルを身に付けていく過程を大切にしています。当初、「遊ぶ時間がなくなってしまう」という大人の価値観で捉えていましたが、Yくんの気持ちに気付き、寄り添って温かく見守っています。保育者の温かな関わりの中で、Yくんの「ジブンデ」という気持ちが満たされたため、大好きな遊びの時間が少しになっても、満足する姿につながったのだと思います。大人の都合ではなく、子どもが自立に向けて育っているその一つひとつの場面を大切にし、受容的な関わりをしていくことが生活習慣の発達につながるのです。

📝 **確認ワーク**

1．乳幼児期の子どもたちの生活場面や運動遊び場面における保育者の関わりとして、大切にすべきことを考えてみましょう。

3 …… 生活と人間関係

　保育者は、日々の生活の中で子どもたちの「人と関わる力」を育てています。5領域の1つである「人間関係」では、自分を大切にし、他者を思いやる心や、社会とつながり、社会とのつながりを感じられる心を育てます。

①自分を大切にする心

　家庭での生活が中心だった子どもたちにとって、初めての幼稚園・保育所・認定こども園（以下、「園」という）は、とてもわくわくする場所でもあり、とても不安になる場所でもあります。目の前に広がる園庭、遊具や玩具、絵本、紙芝居など、お家では出会えなかった環境に心躍る子もいるでしょう。同じくらいの年の子たちと体を動かしたり、歌ったり、踊ったり、つくったり、一緒に何かをする生活が楽しく、喜んで遊ぶ子もいるでしょう。一方で、家庭とは異なる環境に戸惑い、お母さんやお父さんを思い出し、泣く子もいるでしょう。この姿はどれも、自分を大切する心の育ちの表れです。

　不安な時に「特定のだれかに対してくっつこうとすること」[1] を“アタッチメント（愛着）”といいます。心や体が不安定になった時、「大丈夫だよ」と穏やかな気持ちにしてくれる人がいてくれると、自分が不安な時は守ってもらえる、自分には受け入れてくれる大人（養育者や保育者）がいるという安心感が蓄積されていきます。保育者との心理的なつながりができると、どんどん自分の世界を広げていくことができるようにもなります。園は、自分を大切にしてくれる場所、先生たちは、ありのままの自分を受け止めてくれる人という心地良さや人と関わる楽しさが、人と関わる力の基礎となっていきます。

②他者を思いやる心

　「協同性」を育てることは、領域「人間関係」と深く関連しています。「協同性」とは、友達との関わりの中で互いの思いや考えなどを共有し、共通の目的に向かって、考えたり、工夫したり、協力したりする子どもの姿です。

　協力する・分け合う・なぐさめるなどの行動を「向社会的行動」といいますが、自分から他者のためになる行動をするには、相手に共感したり、何をすべ

きか否かを判断したりする道徳性の発達が関わっています。しかし、保育者が一方的に「人には優しくしなさい」「お友達と遊ぶときは、きちんとルールを守りなさい」と教えてしまうと、「先生から怒られるから、友達と仲良くしないといけない」と子どもは思ってしまうかもしれませんね。それは、共感性や道徳性が育っているといえるでしょうか。次の事例をみてみましょう。

事例1

「あれも使いたい」（1歳児・5月）[2]

　ナオヤは、テラスでミニカーを走らせて遊んでいる。そこに、左手にミニカーを持ったリョウタがやってきて、ナオヤのミニカーを取り、走らせ始める。それを見ていた保育者は「ナオヤくんが使ってたんだよね」、「ナオヤくん、使いたかったよね」と言葉にする。保育者はリョウタにミニカーを無理やり返させようとはせず、ナオヤに別のミニカーを渡す。

　このような場面は、ナオヤが先に使っているミニカーをリョウタが横取りしたようにも見えますが、保育者は、ナオヤもリョウタも二人ともミニカーで遊びたいという思いをもっていることを大切にしています。二人の思いに寄り添い、どちらの気持ちも受容しているのです。

　子どもは、自分を受け止めてくれる保育者を心のよりどころに、少しずつ自分の世界を広げていきます。周りの子どもたちと笑顔を交わし合ったり、同じ活動をして楽しんだりする中で、人と関わり合って一緒に過ごす楽しさも重ねていきます。一方で、お互いの思いがぶつかり合うこともあります。そのような時に、保育者が自分の気持ちを温かく受け入れてくれ、言葉にならない思いを言葉にしてくれ、お互いが気持ち良く過ごせるように関わってくれることで、他者を思いやる気持ちが芽生え、自分の思いも他者の思いも大切にする心が育っていきます。その積み重ねの中で、みんなと一緒に楽しく過ごすためにはきまりがあることを、少しずつ気付くようにもなっていくのです。

③社会とのつながりを感じる心

　日々の生活の中で、友達といるともっと楽しくなる経験を積み重ねていくうちに、みんなと一緒に楽しく過ごすためには、きまりがあることに気付き、守

るようになることは、社会で生きる自分への気付きといえるかもしれません。して良いことや悪いことがあり、きまりを守ろうとしたり、考えながら行動したりする大切さに気付いた子どもたちは、ルールを守るだけでなく、さらに楽しく過ごすためのルールをつくることができるようにもなり

ます。それは、みんなと楽しく過ごしたいという思いから生まれるものです。

　ここでは、岡崎女子短期大学の後藤さんと橋本さんが実習で経験した事例から考えてみましょう。

　後藤さんが担当した年長児クラスでは、動物型のチョコレートの菓子箱（ハムちゃん）で遊ぶことがはやっていたそうです。しかし、それを見た年少児クラスの子たちに「自分たちもほしい」と泣き出す子が出てきてしまい、ハムちゃんで遊ばないことになりました。しかし、年長児のＡちゃんだけは、どこか納得しない様子で下を向いていたそうです。その次の日の事例です（事例2）。

事例2

　元気がなさそうなＡちゃん。すると、Ｂちゃんが「ハムちゃんつくれば！　つくったやつなら遊んでいいって先生が言ってたよ！」とＡちゃんに声をかけた。Ａちゃんと遊んでいたＣちゃんも「それ、すごくいい。ニューハムちゃん一緒につくろう！」とＡちゃんに提案する。Ａちゃんは、少し笑顔になると、ティッシュを丸めてつくり始めた。それを見て保育者が「おっ！　ハムちゃんだ。ハムちゃん2かな？」と声をかけると、Ａちゃんは「ニューハムちゃんだよ」と楽しそうに返していた。

　幼児期の終わり頃になるにつれ、きまりやルールを守るだけでなく、新たにきまりやルールを考え合う姿が見られるようになってきます。それは、突然現れる姿ではなく、お互いの考えを出し合うために、保育者が橋渡しとなって、みんなで相談することの大切さを積み重ねてきたからともいえます。橋本さんは、話し合いを大切にする保育者の関わりについて教えてくれました（事例3）。

事例3

　年長児クラスで、話し合いをして４つのチームを決めることになった。グルー
プはすぐ決まった。すると先生は「本当にこれでいい？　自分の気持ち、きちん
と伝えたかな？　お友達はいいよって言ってくれたかな？　最初に人数のことを
話したけれど、人数を考えないで、自分の行きたいところだけをまずは考えてみ
て」と伝えた。

　橋本さんは「こんなにすんなり自分たちで決まったのに、どうして今さらそ
んなことを言ったのだろう？」と思ったそうです。しかし、話し合いを重ねて
いくと、少しずつ、本当はほかのチームに移動したいと言う子が出てきたり、
このチームのままが良いと思う子がいたりすることが分かってきました。その
度に、先生は「〇〇ちゃんは、△△ちゃんのいるチームがいいんだって。でも、
みんなと一緒にいたくないわけではないよ」など、子どもたちの気持ちを伝え
ながら話し合いを進めたそうです。全員が納得するまで、40分もかかったとの
ことでした。時間に追われると、つい大人は多数決やじゃんけんで決めてしま
うことがあるかもしれません。しかし、橋本さんが出会った先生は、気を遣い
すぎて自分の気持ちを尊重できなくなっている子どもたちを見て、自分の気持
ちを伝えることの大切さや相手の話を聞き、相手にも気持ちがあることを知る
経験をしてほしいと、日々の話し合いを大事にしていたそうです。
　自分たちにはより良く社会を変えていく力があるという実感を幼児期に育む
ことも、保育者の重要な役割だといえるでしょう。

📝 確認ワーク
１．自分の幼児期、児童期、思春期を振り返り、人との関わりの中でうれしかっ
　　たことを書きましょう。うれしいと思った理由も書いてください。
２．１．のエピソードを整理しましょう。自分を大切にする心、他者を大切にす
　　る心、社会とのつながりを感じる心のどれに一番当てはまりますか。それら
　　の経験が今の自分にどのような影響を与えているか考えてみましょう。

4 …… 生活と環境

①領域「環境」とは何か

　領域「環境」は、「周囲の様々な環境に好奇心や探究心をもって関わり、それらを生活に取り入れていこうとする力を養う」ことを目指しています。そのために保育者は、子どもが身近な環境に興味をもって関わることができるように保育を展開していく必要があります。

　領域「環境」と聞くと、昆虫や動植物などを思い浮かべる人も多いでしょう。しかし、それだけではありません。環境は大きく「自然環境（昆虫や動植物はもちろん天候など）」「物的環境（保育室の椅子や机やおもちゃ、園庭の遊具など）」「人的環境（家族や保育者、友達や地域の人など）」「社会・文化的環境（行事や情報など）」と分けることができます。

　そして、３歳以上の保育では、以下のようなねらいを掲げています。

①身近な環境に親しみ、自然と触れ合う中で様々な事象に興味や関心をもつ。
②身近な環境に自分から関わり、発見を楽しんだり、考えたりし、それを生活に取り入れようとする。
③身近な事象を見たり、考えたり、扱ったりする中で、物の性質や数量、文字などに対する感覚を豊かにする。

　ここには、子どもにとってどのような経験が必要であるかについて明記されています。現代の子どもは外で遊ぶ場所や機会が減少しており、人工物の中で生活しています。そこで、保育所等では家庭ではなかなか経験できないような自然と触れる豊かな経験ができるようにしていく必要があります。そして、子どもたちがその不思議さや変化の仕組みについて考えたり、発見を楽しんだり、面白さに気付いたりし、それらを自身の生活や遊びに取り入れることができるように援助していきます。

　また、領域「環境」では、環境と関わる中で、試したり、比べたり、考えたりすることを通して、物の性質や仕組み、文字や数量や図形などに対する関わりを広げていくことも大切にしています。

②保育実践の中の領域「環境」

　それでは具体的に、先述した自然と関わりのある保育を、保育者はどのようにして日々の保育の中で計画・展開しているのかを見ていきましょう。

> **事例**
>
> 　**ダンゴムシレース**
>
> 　午前中の「選んだ遊び」の時間に園庭では5歳児の年長クラスの子どもたちがダンゴムシを集めることに夢中になっています。子どもたちは捕まえたダンゴムシでダンゴムシレースをすることとなりました（図4-2-1参照）。子どもたちはレースに勝ちたい一心で、それぞれ速そうなダンゴムシを探してきては「太郎」「次郎」と名前をつけ、「太郎頑張れ！」「次郎そっちじゃない！」などと言いながら盛り上がっています。

　さて、このエピソードから、子どもたちが何を経験し、前ページに示した領域「環境」のねらいとどのように関わりがあるのかを考えてみましょう。

　まず、子どもたちはダンゴムシを探す際に、植木鉢や石の下を探します。これは友達がダンゴムシを集めているのを見て、自分もダンゴムシを集めたいという興味や関心をもっている姿です（ねらい①）。そして、どこにダンゴムシがいるのだろうと考えたり、友達に教えてもらったりすることを通して、草むらよりも植木鉢や石の下にいることが多いということを発見するのです（ねらい

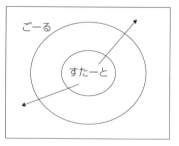

①画用紙の中心の円にダンゴムシを集めてカップで蓋をする。
②よーいドンのかけ声とともにカップを取る。
③ダンゴムシが外の円の線を越えたらゴール。

図4-2-1　ダンゴムシレースのやり方

②）。さらに、「5匹捕まえた」「10匹捕まえた」とダンゴムシの数を数えたり、ダンゴムシレースの画用紙に描かれた文字に親しんだりしながら数量や文字に対する感覚を養っています（ねらい③）。そして、レースに負けた時に、なぜ負けたのだろうかと考えたり、足の速いダンゴムシを観察したりします。そこで、オスの方が速い、大きい体のダンゴムシの方が速いのかもしれないという

仮説を立ててメスや小さい体のダンゴムシと比較して試してみます。その結果、オス・メスや体の大きさと足の速さに大きな関連は見られないことを発見します（ねらい③）。つまり、ダンゴムシを扱う経験の中でその性質に気がついているのです。それだけでなく、ダンゴムシを観察していると四角いウンチをすることを発見し、さらにダンゴムシへの興味・関心を高めていきます。また、ダンゴムシに名前をつけることで、ダンゴムシへの愛着が湧き、生命の尊さに気付いたり、いたわったり、大切にしたりしようとする気持ちが育っていきます。

　それでは、この場面では保育者はどのような援助をしているのでしょうか。例えば、子どもたちがダンゴムシに興味をもっていることを把握して、画用紙でダンゴムシレースのシートを作成するという間接的援助を行っています。このシートがあるからこそ、足の速いダンゴムシの特徴を見たり、比べたり、考えたりという活動につながっているのです。それだけでなく、子どもたちが足の速いダンゴムシの見分け方を一生懸命考えている時に、すぐに答えを教えるのではなく一緒に考えたり、共感したり、ヒントを出したりという直接的援助も行っています。これは、子どもたちが自分なりの見方や考え方を働かせることができるようにするための専門的な援助といえます。

　一方で、例えば子どもたちの手洗いやうがいの場面に目を向けると、水の勢いが強いと水しぶきが飛びやすいことや手についた泡が勢いよく流れていくこと、コップに水を入れる時は水の勢いを弱めた方がうまく水が入ること、コップに水が入るとそれだけ重くなるということ、冬の時期は水が冷たいこと、ブクブクうがいとガラガラうがいでは音が違うこと、床が濡れていると滑りやす

くなることなどを実際に水に触れることを通してその性質を学んでいます（ねらい③）。

　このように、生活習慣を身に付けるために行われているように思われてしまう手洗いやうがいであっても、子どもたちは経験を通して、考えたり、試したり、比較したり、発見したりしながら多くのことを学んでいます。

　このようなプロセスを通して、「幼児期に育みたい資質・能力」の基礎が培われていきます。例えば、園庭でおままごとをしている場面で、どんぐりが9つあり、友達と3人で分けたいと考えた場合です。子どもは、まず、1人に1つずつどんぐりを配ります。次に、もう一度、1人に1つずつ配ります。そして、最後にもう一度、1人に1つずつ配ります。その結果、1人につき、3つずつ均等にどんぐりを配ることができました。子どもは「9÷3＝3」という計算はできませんが、どのようにしたら均等に配ることができるかについて試行錯誤しながら自分なりの見方、考え方を働かせています。このような経験が基礎となり、小学校で割り算を習う際に、9÷3＝3という計算式を暗記するだけでなく、自分の経験と照らし合わせることで、9つのものを3人に分けると3つずつになるという計算式の意味を理解することができるのです。

　このように、保育者は、子どもたちに正確な知識を獲得させるためではなく、環境の中ではそれぞれがある働きをしていることについて実感できるように間接的・直接的援助を行っています。そのためには、今の子どもたちの姿を見てどのような発達課題があり、どのような経験を通して何を学ぶことが適切なのかを判断し、それに応じて意図的・計画的に環境を構成し、環境に関わる態度を育てていくという視点が大切なのです。

確認ワーク

1．自分の身の回りにあるものを「自然環境」「物的環境」「人的環境」「社会・文化的環境」の4つに分類してみましょう。
2．自分の幼稚園・保育所時代を思い出し、比べたり、考えたり、試したり、発見したりした活動を5つ書き出してみましょう。
3．2．であげた活動で自分自身は何を学び、保育者はどのような援助をしていたのかを説明してみましょう。

5 …… 生活と言葉

①心の育ちと言葉の発達

　みなさんは、どのようにして言葉を使えるようになったかを覚えていますか。「初めての言葉は○○」と周りの人に教えてもらうことはあっても、おそらく自分で覚えてはいないでしょう。自然に使えるようになったと思いがちですが、周りの大人や子ども同士の関わりの中で、言葉を使えるようになったのです。

　子どもは、周囲の会話や自分に向けられる言葉を聞くことによって、言葉を身に付けていきます。しかし、誕生後しばらくは声を出すことすらままなりません。その中でも、乳児は周囲とコミュニケーションをとろうとします。みなさんにも、赤ちゃんにじっと見つめられ、思わず声をかけた経験があるかもしれません。このように、乳児は周りからの働きかけを誘います。まだ言葉が使えないのだからと無言で接するのではなく、例えばおむつ替えの時に「気持ちいいね」などと語りかけてみましょう。子どもの日々の体験と言葉とは、こうして関連づけられていくのです。

　1歳を過ぎると、言葉が話せるようになっていきます。とはいえ、すぐに言葉によるコミュニケーションが始まるわけではありません。例えば「まんま」という一語に、指さしなどの身ぶりを加えます。そのため保育者は、場面や状況をもとに子どもの言葉にならない思いをくみ取るよう努めることが必要です。

　2歳代になると、「が」「の」など助詞を使って文で言い表すことができるようになります。「おなかのすいた」などの使い方も見られますが、まずは言葉で伝えようという子どもの思いをしっかりと受け止めたいものです。

　3～4歳になると語彙が大きく増加し、会話にもつながるようになります。この頃特徴的なのは、擬人化（アニミズム）の表現です。例えば、「おはなさんがおみずのみたいって」のように、ものを人にたとえます。まだ現実と空想の世界の境界が曖昧であることや、少ない語彙で自分なりに表現しようとしていることが分かります。

　4～5歳では「どうして人は年をとるの？」といった難しい質問が増え、5～6歳には大人に対しての言葉と友達同士での言葉を使い分けるなど、社会性も見られます。子どもの心の育ちと言葉の発達は、関わり合っているのです。

②言葉で使え合う力の育ち

　幼稚園を訪問した時のことです。３歳児の教室の前を通りかかると、一人の子どもが駆け寄ってきて、手のひらの中のものを見せてくれました。「わぁ、拾ったの？」と聞くと、他の子どもたちが「向こうの木の下に落ちてるよ」「ぼく、もっと拾った」と口々に話して去っていきました。一人残ったその子どもに、「いいもの、見つけたね。どんぐりさんのぼうしだね」と語りかけると、「ぼうし？」と不思議そうに聞き返します。「そう、ぼうし」とその子の頭の上にのせるしぐさをすると、はにかみながら「これ、あげる」と差し出しました。私が、「いいの？　大事でしょ」と聞くと、「大事だから、あげる」と手渡してくれました。

　ほんの数分の出来事ですが、いつまでも印象深く心に残っています。子どもたちと共感できる温かな会話や心のやりとりの経験は私にとってかけがえのないものですが、子どもたちにとってもきっと同じだと信じています。

　子どもの言葉にならない思いをくみ取り、それを言葉で置き換えながら応じることで、子どもは自分の思いが受け止められる安心感や喜びを得ることができます。触れ合い、応答的に言葉をかけてもらうことによって、子どもは次第に自分も言葉で伝えようとする意欲を高めていくのです。声だけでなく表情や身ぶりなども、言葉と一体となり大きな役割を果たします。

　何よりも、子どもの心に寄り添い、その心に言葉を届ける姿勢が重要です。子どもの気持ちに心を寄せ、言葉に耳をすまし、その中にある思いをくみ取ろうとすることから始めてみましょう。子どもは心を寄せる相手と言葉を交わすことを喜びとし、相手の話を理解して共感することによって、伝え合う楽しさを知っていきます。

　子どもが言葉で伝えたくなるような体験の積み重ねも、大切です。心地良さや喜びを感じる経験や豊かな言葉の世界に触れる経験を通して、言葉を使うことを楽しむようになっていきます。実際の体験だけでなく、絵本やおはなしなどに触れることもその経験の一部です。これらの豊かな生活体験の積み重ねが、「幼児期の終わりまでに育ってほしい姿」にあげられている「言葉による伝え合い」や「豊かな感性と表現」を育み、小学校以降の「学びに向かう力」の基礎になります。

③子どもの言葉を育む「ことばの文化財」

　言葉は生活の中でのやりとりだけでなく、わらべうた・あそびうた、ことばあそび、おはなし、絵本、児童文学（幼年文学）、紙芝居、人形劇、ペープサート、パネルシアターなどの「ことばの文化財」との関わりの中でも育まれていきます（絵本については、第3部第2章で詳しく触れています）。

　乳児から楽しめることばの文化財の一つが、「わらべうた」です。膝にのせて体を揺らすなどして乳児と触れ合うことのできるわらべうたは、言葉を交わさなくても気持ちを通じ合わせられるものです。赤ちゃんの体に触れながら、優しい声や表情で一緒に楽しんでください。

　言葉は、コミュニケーションのためだけのものではありません。見たことがないもの、経験したことがないものを想像する力も私たちに与えてくれます。言葉のおもしろさや美しさを感じる力、喜び、悲しみなどの感情を表現できる言葉というものへの鋭い感性を、大切に育んでいきたいものです。「ことばあそび」は、言葉に対する興味を促し、言葉の感覚を豊かにしていきます。詩、しりとり、早口ことば、なぞなぞなどを、自由に子どもと楽しんでみましょう。

　幼児期には、まず言葉を耳で聞くことが大切です。聞く力を育むことが、言葉を育てることにつながります。聞く力とは、耳にした言葉から自分で想像することです。そして、読むこと、書くことへの興味が芽生えたら、かるたあそびやおてがみごっこなどで、子どもが文字で伝えられるうれしさや文字を読むことで世界が広がることの喜びに出会う機会をつくってほしいと思います。

✎ 確認ワーク

1．なぞなぞ「わたしはだれでしょう」をつくってみましょう。答えは「もの」でも、人にたとえます。ヒントは、だんだん答えに近づくことができる順番に並べるのがポイントです。

　　例）ヒント1：子どもの時は緑色の体が、大人になると赤くなります。

　　　　ヒント2：緑色の小さなぼうしをかぶっています。

　　　　ヒント3：逆立ちしても名前は同じです。

　　　　答え：わたしは「トマト」です。

2．1．を使って、みんなでビンゴゲームをしましょう。

　①季節、色、形、動物、食べ物など、1つテーマを決めます。

　②5×5のマスを書いたビンゴシートに、それぞれテーマから連想することばを1マスにつき1つ書いていきます。絵でも構いません。

　③②で書いたものの中から1つを答えにして、なぞなぞ「わたしはだれでしょう」をつくります。

　④順番になぞなぞを読み上げ、みんなで答えていきましょう。自分のビンゴシートの中に答えがあれば○をつけます。さぁ、縦、横、斜め、どこか一列そろうでしょうか。

3．パペットをつくってみましょう。演じるためだけでなく、子どもたちとのコミュニケーションのきっかけにも役立ちます。靴下、手袋、キッチンミトンなどに、目玉用ボタンを縫いつけるか、動眼をボンドで貼りつけます。口にフェルトを用いて、口をパクパクさせられると、より人形が話しているように見えます。

4．オリジナルのかるたをつくりましょう。割り当てられた一音がつく言葉を組み合わせて、「やぎがやいたやきそば」「ゆきだるまがゆりかごでゆーらゆら」など、くすっと笑えるものにしてみましょう。絵も楽しく描きましょう。

（写真は学生の作品です）

6 ⋯⋯ 生活と表現

　「表現」という言葉を聞いて、みなさんは何を思い浮かべますか？　何かを表している様子が頭に浮かぶでしょうか。言語表現や自己表現、表現力といった言葉を思い出す人もいるかもしれません。国語辞典で「表現」を引くと「心に思うこと、感じることを、色・音・言語・所作などの形によって、表し出すこと」[1]とあります。感じたことや考えたことは、目には見えませんが、誰もが分かる形として表されたもの、それが「表現」なのです。

　子どもたちは、生活や遊びの中で、様々なことを表現しています。「こうしたい！」という意図している表現もあれば、意図せず自然と生まれる表現もあります。保育者は一人一人の多様な表現に気付き、受け止め、理解し、援助することで、子どもの育ちを支え、表現の芽生えを育みます。また、子どもの中にある感性を育てる役割も担っています。領域「表現」では、1歳以上の幼児における表現について、次のように示されています。

　感じたことや考えたことを自分なりに表現することを通して、豊かな感性や表現する力を養い、創造性を豊かにする。

　一人一人が感じたこと、考えたことをその子なりに表現することを大切にし、またそのような表現をたくさん積み重ねることによって、「豊かな感性」と「表現する力」が養われ、その感性や力が創造性を豊かに育むのです。

　小学校以降は、国語や算数といった教科別に学びを進めていきます。「表現」で大切とされる、感じたり、表現したりすることは、すべての教科の学びの根底にあるものです。「歌う」「絵を描く」「踊る」といった単独の活動に直結するものだけが表現ではなく、子どもの生活の中には、様々な表現が含まれていることに気が付くことが大切です。

　本節では子どもの生活の中にある表現について、具体的な事例を通して見ていきます。次のページはある認定こども園の様子です。みなさんは、このイラストの子どもの様子から、いくつの表現に気付くことができるでしょうか？それぞれの表現について、98ページから説明をします。

①子どもの表現

ア）素朴な表現

表現は「誰かの前で歌う、踊る」などの活動を指すだけではなく、子どもたちの発するものすべてを表現と捉えています。乳児が泣く、笑うことも一つの表現です。素朴で未分化なものですが、様々な意図や思いが込められているため、保育者が適切に援助していくための大切なヒントになります。

イラスト① 泣き、笑う

ベッドの上で乳児が「えーん」と泣いたり、「キャッ、キャッ」と笑っています。

　言葉が未発達な子どもにとって、自分の思いを伝える手段は、表情、身体の動きが中心です。そのため、子どもと接する時にすべて言葉によって伝えるのではなく、身振り手振りをたくさん取り入れると、イメージが伝わりやすくなります。身体を通したコミュニケーションは子どもたちにとっても親しみを持ちやすいものです。このように、言葉以外でとるコミュニケーションのことを「ノンバーバルコミュニケーション」といいます。

イ）素敵なリズムを楽しむ「うごきことば」と子どもの世界

何か物を運ぶときに「よいしょ、よいしょ」と口ずさむことがあります。このように、動作にリズムをつけ「うごきことば」にして表現することによって、素敵なリズムで遊んでいます。

イラスト② 「けんけんぱっ」

女の子が「けんけんぱっ」と口ずさみながら、地面に描かれた円をリズミカルに跳んでいます。

　イラスト②では、子どもたちは地面に描かれた〇印を使ってジャンプをして楽しんでいます。縁石や線の上を歩くことも、ひょっとしたら、「グラグラ橋」や「川の飛び石」に見立てて遊んでいるかもしれません。目線を少し下げて、子どもたちにはどんな世界が見えているのか考えてみましょう。

ウ）自然にあふれる素敵な音に気付く

風が通る音、砂が舞う音、雨粒が落ちる音、自然には素敵な音がたくさんあふれています。私たちは朝起きてから夜寝るまで、たくさんの音に囲まれて生活していますが、意識しなければ気がつかない音もあります。目を閉じて耳を澄ましてみてください。普段は聞こえない音が、たくさん聞こえてきませんか？

心地よい風が吹いていたら、風を感じ、風そのものになりたくなります。イラスト③では、身近にある「ハンカチ」を使って、風を表現しています。ひらひら気持ちよさそうに走る姿は、風そのものです。見えないものにも自由に変身できる表現遊びは、子どもたちが大好きな遊びの一つです。

イラスト③　風を感じて

女の子がもっているハンカチをひらひらさせて、園庭を気持ち良さそうに走っています。

エ）何気なくつくったものからイメージを広げよう

何気なく折った広告紙も子どもの表現の一つです。目的があってつくることも、そうでないこともありますが、何気なくつくった形が花に見えたり、動物に見えたりなど、できた形を何かに見立てて、イメージが膨らんでいくこともあります。

何にでもなれるごっこ遊び、例えば、役割を決めたおままごとやお店屋さんごっこは、子どもたちの大好きな遊びの一つです。ごっこ遊びには、手づくりの道具だけではなく、しぐさや言葉など、あらゆる表現が含まれています。

イラスト④　イメージの広がり

広告紙でつくった剣を手に持ち、ヒーローごっこを楽しんでいます。

オ）色や形の面白さに気付き、表現する

　一つひとつ形も色も違う端材や廃材は、子どもたちの「ひらめき」の源となります。色や形を感じて、何かをひらめいて、実際につくって、またその形を感じて…と、子どものイメージは連鎖するように広がっていきます。遊びコーナーにおもちゃや絵本だけでなく、そのような材料や用具があることで、いつの間にか制作遊びが始まることもあります。

イラスト⑤　色や形を感じる

子どもたちが、遊びコーナーの廃材を使って、生き物や植物をつくったり、クレヨンで画用紙に好きな絵を描いています。

　また、描いたり、歌ったり、踊ったりという表現は、子どもたちの生活の中から生まれます。描いた絵の中には、昨日あった出来事や好きなものなど、その子が生活の中で感じたことや考えたことが形になって表れています。保育者はそのような表現をくみ取ったり、受け止めたりすることが大切です。

カ）触感を感じ、考え、工夫する

　造形物や動きなど、形になって現れるものだけが表現ではありません。サラサラとした砂を繰り返し触る行為も表現の一つです。サラサラした砂、湿った砂、ドロドロになった砂のように、一つのものが様々な状態に変化するのも砂場遊びの楽しいところです。

イラスト⑥　触感を楽しむ

男の子が砂場でサラサラの砂の感触を楽しんだり、スコップとバケツを使って、山をつくっています。

　みなさんも経験したことがあるように、砂はサラサラな状態では形をつくることが難しいですが、湿らせたり、スコップでたたいたり、バケツで型取ったりすることで、山やトンネルをつくることができます。「どうしたら崩れないかな？」と考えたことを試してみることも表現の一つです。

キ）形を重ねる遊び、壊す遊び

四角と三角と丸、単純な形を重ねる積み木は、組み合わせによって、お城になったり、電車になったり、無限の表現ができます。また、どれだけ高く積み重ねることができるか、という遊びになったり、積み木から世界が広がり、保育室が海や宇宙になったりすることもあります。3歳未満の子どもの遊びとして、つくったものを壊す、壊して楽しむということがあります。壊れる様子を楽しむ、またはガシャーンと鳴る音が楽しくて壊しているのかもしれません。「壊してはダメ」と決めつけるのではなく、その子自身が壊して何を表現しているのか、受け止めていくことも大切です。

イラスト⑦　積み木遊び

子どもたち（3歳未満児）が、「よいしょ」と積み木をたくさん重ねたり、「ガッシャーン」と重ねた積み木を壊しています。

ク）リズムにのって心も弾む

音楽に合わせて身体を動かすことは、人間が生まれながらに持っている本能といえるかもしれません。子どもたちは、音に素直に反応し、リズムがあれば、その音に合わせて自然に身体を動かしたくなります。音楽にのって動けば、心までウキウキ弾みます。リズムにのって楽しく動くことは、リズム感を養うことにもつながります。

誰かが鳴らしている音に音を重ねると、そこから合奏が始まります。楽譜や楽器が

イラスト⑧　リズムで遊ぶ

子どもたちがお気に入りの音楽に合わせて、友達と一緒に手拍子や膝打ちをしたり、身体を動かしたりしています。

なくても、手拍子や足踏みは身体を楽器にしたボディパーカッションとなり、音の重なりを感じながら合奏をすることができます。自分自身の身体のあちこちから、どのような音がでるか、ぜひ試してみてください。

ケ)「うごきことば」からふしづくりへ

　98ページに出てきた「うごきことば」が発展する
と、即興で創作した歌になることもあります。リズ
ミカルな言葉にメロディーをつけたり、口ずさんで
いる言葉を繰り返したり、少し変えてみたりすれば、
それは立派なふしづくりになります。音楽をつくる
ことは難しいことではなく、日常の中にもあるので
す。外で遊んで汚れた手を洗うなど、生活習慣を身
に付けるには、子どもたちが楽しく「自分からやり
たい!」と思えることが大切です。手洗いの歌やダ
ンスなど、ヒントとなることはたくさんあります。
楽しんで表現しながら、生活習慣が身に付くような援助をしましょう。

イラスト⑨ ふしづくり

男の子が「ゴシゴシきゅっきゅ、
あわあわフワフワ♪」と手を洗
いながら口ずさみ、リズミカル
に手を動かしています。

②形や色、質感を通した表現

　自然にあるものは、一つとして同じ形はなく、また、人工物であっても用途
や目的によって様々な形をしています。色についても、夕焼け空の美しい色の
ように、色名では表しきれないたくさんの色があります。質感にもたくさんの
「柔らかい」があるでしょう。子どもの表現は、広告紙で剣をつくったり、水
や泡の質感が歌になったりと、自然や日用品など、生活の中のあらゆるものか
ら生まれます。また、風を感じていた女の子や、廃材の形や色を感じながら制
作をしていた男の子のように、形や色、質感を感じることも、大切な表現です。

　形や色、質感を見たり触ったりして感じることは、身近にあるものを知るこ
とにもつながります。例えば、砂の質感を楽しんでいた男の子は、「砂ってサ
ラサラなんだ!」と発見するかもしれません。大人にとっては当たり前のこと
であっても、経験の少ない子どもにとって、生活の中にはそのような心が動く
出来事がたくさんひそんでいます。もしかしたら、「あれはどうだろう?」や
「○○したらどうなるかな!」と考えたり、イメージを膨らませたりと新たな
表現につながるかもしれません。また、子どもは丸い形からお月さま、ふわふ
わの質感からクリームなど、形や色、質感自体からイメージを広げていくこと
もあります。

　保育者は、子どもが形や色、質感を感じ、考えたり、イメージしたことを表現できるように、様々な配慮や援助をしています。96〜97ページの園では、廃材を入れた箱が置いてあったり、カラフルな積み木があります。園庭には花壇にお花が植えてあり、砂場にはスコップなどが用意されています。保育者自身が様々なものの形や色、質感の面白さや美しさに気付き、イメージを膨らませながら環境を整えることで、子どもが出会える形や色、質感は大きく広がります。

③音や音楽に関わる表現

　目を閉じてゆっくりと30数える間、聴こえる音に耳を澄ましてみてください。どんな音が聴こえましたか？　私たちは生活の中で、たくさんの音に囲まれて過ごしています。普段の日常生活の中では聴こえているけれど意識をすることがない音ですが、耳を澄まして意識を向けるだけで、驚くほどたくさんの音が聴こえてくるのです。

　音は常に私たちの身近にあり、音楽は音と音がつながりをもったところに生まれます。子どもたちが生活の中で興味を抱いた様々なものからイメージを広げ、そのイメージが音や音楽を通して子どもたちの「やってみたい！」という気持ちと結びついた時、子どもたちが感じたことや考えたことは、様々な手段を用いて表現する活動へとつながります。例えば、「ゴシゴシきゅっきゅ、あわあわフワフワ♪」と口ずさんだ言葉から、ふしづくりへと発展し、手拍子や膝打ちなどでリズムをつける、紙コップでつくった手づくり楽器を鳴らす、リズムに合わせて踊り出すといったように、音や音楽に関わる活動をきっかけに、つくる表現や身体を動かす表現と一体となり、豊かな表現活動へと発展していきます。

　保育者が、子どもたち一人一人がその子なりに表現している音や音楽に気付き、その重ねていく音や音楽の楽しさを保育者や友達と一緒に共有することができれば、こんなに素晴らしい音楽活動はありません。それは、正しい音程で歌を歌う、楽譜に書かれた通りのリズムで演奏するという、既存の音楽表現の枠を超えて、子どもたちの「表現したい！」という根源的な欲求である表現活動の現れとなり、子どもたちの豊かな感性を育むことへとつながっていくのです。

④身体を使った表現

　乳幼児期の身体を使った遊びには、運動技能の向上を目的とした遊びのほか
にも、自分の感じたことや考えたことを、自らの身体を使って表現して楽しむ
遊びがたくさんあります。それらの遊びは、難しいルールや約束事はなく、感
じるまま、心のままに楽しむことができるものです。これらは先述したノン
バーバルコミュニケーションと呼ばれ、語彙が発達していない子どもたちに
とっては、感情や思い、自分の願いを伝えるための大切な手段となります。
　身体表現遊びには様々な方法がありますが、保育の現場では、模倣、リズム、
即興（インプロ）の3つがよく登場します。模倣の代表例は、動物の模倣で、
子どもたちは夢中になって動物になりきって楽しみます。このように何かにな
りきって遊ぶことのできる能力は、幼児期の特徴の一つです。リズムとは、ピ
アノのメロディー、音楽、タンブリンの音に合わせて、自然に身体を動かして
楽しむことです。即興とは、その場で思いついた動きやイメージを表現する遊
びです。子どもたちの表現は多種多様で、とても想像力豊かなものです。これ
らの遊びを経験した子どもたちは、自分の思いや考えを身体で表現することが
好きになります。また、表現したことを誰かが受け取ってくれた喜びは、いつ
までも心に残る原体験となり、その後の自己表現に大きく影響をもたらします。
表現の基本的な考え方は「みんな違って、みんないい」です。幼少期に芽生え
た「表現する喜び」はその後の児童期でも大切に育まれ、自己表現ができる人
へと成長していくための一助となります。

⑤まとめ

　本節では、園の中での子どもの姿をヒントに、表現の事例を見てきましたが、
園の外にも子どもの生活があり、そこには子どもを取り巻く様々な環境があり
ます。特に、自然に存在する色や形、音や動きに触れることで、子どもたちの
感性はさらに豊かに広がっていきます。子どもたちが夢中になって思いを表現
できるような園の中の環境を整えることはもちろんのこと、本物や自然と触れ
合う機会をもつことも、とても大切です。
　これから保育者を目指すみなさんは、保育現場に立つまでに、ぜひ様々なも
のに触れ、自らの内面にたくさんのものをインプットしてください。美しいも

のを見て心を揺さぶられること、全身を使って身体を懸命に動かすこと、心に響く音楽に出会うこと、絵や造形物を見て何かを感じることなど、みなさんの身の回りには、感性を広げるヒントがたくさん存在しています。日常生活の中でアンテナを立てて、様々なことを感受することは、将来子どもの感性を引き出すことにつながります。保育者として、たくさんの子どもの表現に気付き、支援していくためには、豊かな経験がその支えとなります。

確認ワーク
1．96〜97ページの園のイラストの中には、本節であげた以外にもたくさんの子どもの表現が描かれています。どんな表現の姿があるか探してみましょう。

第 5 部

実践の心構え
～初めての実践に向けて～

心構えと職業倫理
（身だしなみ、守秘義務、SNSなど）

心構えと職業倫理
（身だしなみ、守秘義務、SNSなど）

　保育者を目指す人の中には「私は子どもが好きなので保育者になりたいのです」という人が多くいます。たしかに子どもが好きであることは保育者としてとても大切なことです。しかし、「子どもが好き」というだけでは保育者は務まりません。

　第5部では、保育者に求められる心構えと職業倫理について解説します。

①身だしなみについて

　身だしなみとは、相手に不快感を与えない服装や立ち振る舞いという意味です。中でも見た目の「清潔感」が重要になります。清潔感は、どんなところから感じられるでしょうか。

　1つ目は身に付けている服装です。きちんと洗濯され、ボタンがとれている箇所やほころびがある部分がなく、手入れされた好感がもてる服装です。2つ目は立ち振る舞いです。立って挨拶をする姿勢や物を受け取ったり手渡したりする所作など、日常生活における動作や体の動かし方、話している言葉遣いな

・濃い化粧は避ける。

いつも笑顔で明るく

・長い髪は束ねる。

・腕時計は子どもに当たらない大きさのもの。
・指輪やネックレスなどは、子どもに当たって危ないことがあるので、極力付けない。

上衣
・明るい色合いで、袖が長すぎず、汚れても気にしなくてよいもの。
・両手がいつでも使え、さっと腕まくりができるもの。
・ポケットのある服が機能的。
・自分の手を拭くハンカチと、子どもが鼻水を出したときにすぐに使えるようにティッシュも入れておく。

下衣
・しゃがんでも背中が見えないもの。
・ズボンは足首までの長さがよく、半ズボンはひざ丈くらいで短すぎないもの。

ハンカチ　　　　ティッシュ

爪
・爪は短く切る。（子どもを傷つけない長さにする）

・緊急時のことも考えて室内でも上靴を履く。（靴のかかとは踏まないように）

子どもはいつも保育者を見ています。子どもの憧れの存在になれるように、生活感のある服装や身だしなみを心がけましょう。

図5-1-1　保育者の服装

どが含まれます。

　そのほかにも保育者に求められる身だしなみとしては、保育中は髪をまとめ、装飾品を外すなどの配慮も必要です（図5−1−1）。子どもと遊び、活動することを考えた機能的な服装で色合いや形状、髪型など、自分のプロデュース力が身だしなみに表れてきます。身だしなみは、教養や内面までも含めたトータルとしての「その人」を映し出すものだといえるのです。

②守秘義務

　「守秘義務」とは、職務（仕事）をする中で知り得た秘密や情報を外部に漏らさない「義務」のことです。家庭と園とを毎日行き来する子どもの家庭での様子を知ることは、園で保育をする時に大事な情報となります。園での様子が普段と違った時などに、「どうしたのかな？　何か心配ごとがあるのかな？」とお家の人に尋ねることがあります。話し合いの内容には、子どもに関わることもありますし、家庭の状況や事情に関わることなどもあります。親身になって聞いたり話し合ったりすることは必要ですが、知り得た情報を他の人に話さないことが重要です。しかし、自分一人で解決できない時には、同僚や先輩の保育者、園長などに相談することは必要です。その相手は園内の信頼の置ける職員に限ります。「口は災いの元」といわれるように、近くのカフェで同僚とお茶しているときに知らないうちに話してしまったということがないように、常時気をつけましょう。

　また、情報の管理も大切です。園児の名前、連絡先、家庭内情報などの個人情報を園から持ち出すことは禁止されています。これらに関する業務について

このような会話は絶対にダメです

は勤務時間内で上手に処理ができるようにします。個人情報に関するものは人目につくところには置かないように留意しましょう。

③SNSなどの扱い方について

　「SNS」とは、インターネットを介して顔を見たこともない相手と関係を構築できるスマホ、パソコン用のWebサービスの総称です。Facebook、Twitter、Instagramなどでは、「情報の発信・共有・拡散」といった機能があります。情報を発信したことで、多くの人がその情報を共有し、さらに多くの人に拡散することが可能です。交友関係が広がり、多くの情報を得る利点があります。

　しかし、個人情報や顔写真が悪用されたり、オンライン上でのいじめや嫌がらせがあったり、不特定な人から誹謗中傷を受けたりするという欠点もあります。自分の写真を撮って掲載したら、写真公開に関する許可のない子どもが近くに映っていて、「あ、間違えた」とわずか1分で取り下げたとしても、その数秒の間に拡散してしまい、取り返しがつかないことになってしまう場合もあります。

　SNSを利用する前に、氏名や住所、電話番号やプロフィール等、プライバシーや公開範囲の設定などを慎重に確認しましょう。写真に位置情報を記録しないことや知らないリンクをクリックしないことも注意すべき点です。

何気ない写真でも、子どもが写ってしまい、
取り返しがつかないことになってしまいます

④保育者を目指すみなさんへ

　保育者は資格や免許をもつ保育の専門家であり、その仕事は保育の専門職です。子どもに慕われ、保護者に信頼される保育者になるには、たゆまぬ向上心と職務を全うする責任感がなくてはなりません。保育の現場には厳しい現実もありますし、自分で解決しなくてはならない問題もあります。

　子どもは無限の可能性をもっています。その可能性を見つけ、伸びる援助をすることが保育者の役割です。教えて育てるのが「教育」ならば、見守りながら育むのが「保育」です。子どもをしっかり見て、子どもが何をしようとしているのか、何をやりたいのかを知り、それを理解して初めて、子どもの気持ちに寄り添いながら、関わることができるのです。その関わり方を通して、子どもは自立心、社会性、規範意識、思考力、豊かな感性など多くのことを学び、それを身に付けて成長する過程で、その子の良さや可能性は育っていきます。

　近年、保育施設（幼稚園、保育所、認定こども園など）にも様々な変化が起きています。情報の氾濫で子育てに不安な母親や長時間働く女性の増加により、保育者に求められる要請や期待が年々大きくなっています。これらの要請に応えるために、保育者同士のコミュニケーションはもちろんのこと、医療や看護、福祉、栄養など専門性の異なる人たちと連携し、協力し合うことも必要です。また、保護者と連携していくためには保育についてきちんと話し合っていくことも大事です。保護者との関係も最初からうまくはいかないこともあるでしょう。そんな時は自分に足りなかったものは何だろう、自分の考え方を理解してもらうにはどうしたらいいのだろうということを、日々振り返りながら考える保育者になってほしいのです。

　保育はやりがいのあるすばらしい仕事です。保育者になるみなさんには、一社会人としての常識やマナーをしっかりと身に付けたうえで、「人間」として豊かであってほしいと願っています。

📝 **確認ワーク**
1．本章「心構えと職業倫理」で学んだ内容もふまえ、モデル（手本）となるような保育者の基本的な姿勢について考えてみましょう。
2．自分が使っているSNSの危険な事柄（要因）と、その予防策について話し合ってみましょう。

引用文献
参考文献

全　章

【参考文献】
・厚生労働省編『保育所保育指針解説 平成30年３月』フレーベル館　2018年
・文部科学省『幼稚園教育要領解説 平成30年３月』フレーベル館　2018年
・内閣府・文部科学省・厚生労働省『幼保連携型認定こども園教育・保育要領解説 平成30年３月』フレーベル館　2018年

第１部

第１章

【引用文献】
1）小口尚子・福岡鮎美『子どもによる子どものための「子どもの権利条約」』小学館　1995年　p.102

【参考文献】
・OECD編、秋田喜代美ほか訳『OECD保育の質向上白書－人生の始まりこそ力強く：ECECのツールボックス（日本語）大型本－』明石書店　2019年
・OECD編、星三和子ほか訳『OECD保育白書－人生の始まりこそ力強く：乳幼児期の教育とケア（ECEC）の国際比較－』明石書店　2011年
・ジェームズ・J・ヘックマン、大竹文雄解説、古草秀子訳『幼児教育の経済学』東洋経済新報社　2015年
・那須川知子・大方美香監修、山下文一編『MINERVAはじめて学ぶ保育③保育者論』ミネルヴァ書房　2019年
・保育小辞典編集委員会『保育小辞典』大月書店　2006年

第２章－１

【参考文献】
・愛知県保育実習連絡協議会・「福祉施設実習」編集委員会編『保育士をめざす人の福祉施設実習（第２版）』みらい　2019年
・伊藤良高・永野典詞・三好明夫・下坂剛編『改訂新版 子ども家庭福祉のフロンティア』晃洋書房　2020年
・公益財団法人児童育成協会監修『新基本保育シリーズ５ 子ども家庭支援論』中央法規出版　2019年
・日本保育ソーシャルワーク学会編『改訂版 保育ソーシャルワークの世界－理論と実践－』晃洋書房　2018年
・波田埜英治・辰巳隆編『新版 保育士をめざす人の子ども家庭福祉』みらい　2019年

第2章－2

【引用文献】

1）古川孝順『福祉ってなんだ』岩波書店　2008年　p.4

【参考文献】

・小野澤昇・田中利則・大塚良一編『子どもの生活を支える社会的養護』ミネルヴァ書房　2013年
・直島正樹・原田旬哉編『図解で学ぶ保育 社会福祉』萌文書林　2015年
・原田旬哉・杉山宗尚編『図解で学ぶ保育 社会的養護Ⅰ』萌文書林　2018年

【参考ホームページ】

・厚生労働省ホームページ　https://www.mhlw.go.jp/index.html（2020年10月15日閲覧）

第2章－3

【参考文献】

・河合隼雄・古平金次郎・滝口俊子『困ったときの子育て相談室』創元社　2003年
・保育総合研究会監修『平成30年度施行 新要領・指針 サポートブック』世界文化社　2018年
・保育と虐待対応事例研究会『続・子ども虐待と保育園－事例で学ぶ対応の基本－』ひとなる書房　2009年

第2部

第1章

【引用文献】

1）本郷一夫「子どもの発達を理解することの意義」本郷一夫編『シードブック保育の心理学Ⅰ・Ⅱ（第2版）』建帛社　2015年　p.1

【参考文献】

・安彦忠彦『子どもの発達と脳科学－カリキュラム開発のために－』勁草書房　2012年
・岩立志津夫・小椋たみ子編『よくわかる言語発達（改訂新版）』ミネルヴァ書房　2017年
・遠藤利彦『赤ちゃんの発達とアタッチメント－乳児保育で大切にしたいこと－』ひとなる書房　2017年
・柏木惠子『子どもも育つ おとなも育つ 発達の心理学』萌文書林　2012年
・川上清文・髙井清子編『対人関係の発達心理学－子どもたちの世界に近づく、とらえる－』新曜社　2019年
・沼山博・三浦主博編『子どもとかかわる人のための心理学』萌文書林　2019年
・長谷川寿一監修、笠井清登・藤井直敬・福田正人・長谷川眞理子編『思春期学』東京大学出版会　2015年
・本郷一夫編『シードブック保育の心理学Ⅰ・Ⅱ（第2版）』建帛社　2015年

・無藤隆・森敏昭・遠藤由美・玉瀬耕治『心理学（新版）』有斐閣　2018年

第2章

【参考文献】
・井桁容子『0・1・2歳児のココロを読みとく保育のまなざし－エピソード写真で見る子どもの育ち－』チャイルド本社　2017年
・佐々木晃『0～5歳児の非認知的能力－事例でわかる！　社会的情緒的スキルを育む保育－』チャイルド本社　2018年
・志村聡子編『はじめて学ぶ乳児保育（第2版）』同文書院　2018年
・田中真介監修、乳幼児保育研究会編『発達がわかれば子どもが見える－0歳から就学までの目からウロコの保育実践－』ぎょうせい　2009年
・無藤隆・汐見稔幸編『イラストと事例でわかる！　保育所の子どもの「学び」まるごとガイド』学陽書房　2019年

第3章

【引用文献】
1）日本WHO協会　https://japan-who.or.jp/about/who-what/identification-health/（2020年10月15日閲覧）

【参考文献】
・大西文子編『子どもの健康と安全』中山書店　2019年
・厚生労働省『保育所における感染症対策ガイドライン（2018年改訂版）』2018年
・小林美由紀編『子どもの保健テキスト』診断と治療社　2018年
・汐見稔幸・無藤隆監修、ミネルヴァ書房編集部『〈平成30年施行〉保育所保育指針 幼稚園教育要領 幼保連携型認定こども園教育・保育要領解説とポイント』ミネルヴァ書房　2018年
・消費者庁『子どもを事故から守る!! 事故防止ハンドブック（2019年10月改訂版）』2019年
・消費者庁消費者安全課『子どもの事故防止関連「人口動態調査」調査票分析～事故の発生傾向について～』2016年
　https://www.caa.go.jp/policies/policy/consumer_safety/child/children_accident_prevention/pdf/children_accident_prevention_161102_0002.pdf（2020年10月15日閲覧）
・鈴木美枝子編『これだけはおさえたい！ 保育者のための子どもの保健』創成社　2019年
・髙内正子・梶美保編『保育の場で活きる子どもの健康と安全』建帛社　2020年
・内閣府『教育・保育施設等における事故防止及び事故発生時の対応のためのガイドライン』2016年
・内閣府『「平成30年教育・保育施設等における事故報告集計」の公表及び事故防止対策について』2019年
　https://www8.cao.go.jp/shoushi/shinseido/outline/pdf/h30-jiko_taisaku.pdf（2020年10月15日閲覧）
・日本保育保健協議会編『保育保健の手引き 体調不良児への対応』2016年

第4章

【引用文献】

1）太田百合子・堤ちはる編『子どもの食と栄養－保育現場で活かせる食の基本－』羊土社　2019年　p.13

【参考文献】

・伊藤浩明監修、認定NPO法人アレルギー支援ネットワーク編『新・食物アレルギーの基礎と対応－医学、食品・栄養学、食育から学ぶ－』みらい　2018年
・海老澤元宏研究代表『厚生労働科学研究班による食物アレルギーの栄養食事指導の手引き2017』2017年
・太田百合子・堤ちはる編『子どもの食と栄養－保育現場で活かせる食の基本－』羊土社　2019年
・厚生労働省『楽しく食べる子どもに－保育所における食育に関する指針（概要）』2004年　https://www.mhlw.go.jp/shingi/2007/06/dl/s0604-2k.pdf（2020年10月15日閲覧）
・厚生労働省『保育所におけるアレルギー対応ガイドライン（2019年改訂版）』2019年
・菅原園ほか『発育期の子どもの食生活と栄養』学建書院　2015年
・独立行政法人環境再生保全機構予防事業部事業課「ぜんそく予防のために食物アレルギーを正しく知ろう」独立行政法人環境再生保全機構　2016年
・農林水産省『「第3次食育推進基本計画」啓発リーフレット』2017年
・二見大介・高野陽『子どもの食と栄養』北大路書房　2011年
・若者の食生活研究会編『トレンディ「食」ショック－あなたの食べ方だいじょうぶ？－』芽ばえ社　1991年

第5章

【参考文献】

・星山麻木編『障害児保育ワークブック－インクルーシブ保育・教育をめざして－』萌文書林　2019年
・前田泰弘編『実践に生かす障害児保育・特別支援教育』萌文書林　2019年

第3部

第1章

【参考文献】

・春日晃章編集代表、松田繁樹・中野貴博編『保育内容 健康（第2版）』みらい　2018年
・中村和彦『運動神経が良くなる本』マキノ出版　2011年
・文部科学省『幼児期運動指針ガイドブック－毎日、楽しく体を動かすために－』2012年

第3章

【参考文献】

・石川博章『よくわかる！ 子どもの造形入門50話－保育者を目指す人と親のための－』人

間社　2019年
・榎沢良彦編『保育・教育ネオシリーズ19 保育内容・表現』同文書院　2006年
・樋口一成編『幼児造形の基礎－乳幼児の造形表現と造形教材－』萌文書林　2018年
・槇英子『保育をひらく造形表現』萌文書林　2008年

第4章
【引用文献】
1）新村出編『広辞苑（第六版）』岩波出版　2008年　p.442

【参考文献】
・今川恭子監修、志民一成ほか編『音楽を学ぶということ－これから音楽を教える・学ぶ人のために－』教育芸術社　2016年
・海老澤敏・上参郷祐康・西岡信雄・山口修『新編 音楽中辞典』音楽之友社　2002年
・音楽之友社編『新訂 標準音楽辞典（第2版）アーテ』音楽之友社　2008年
・スティーブン・マロック、コルウィン・トレヴァーセン編、根ケ山光一ほか訳『絆の音楽性－つながりの基盤を求めて－』音楽之友社　2018年

第4部

第2章－1
【参考文献】
・川瀬正裕・松本真理子・松本英夫『心とかかわる臨床心理―基礎・実際・方法』ナカニシヤ出版　1999年
・「最新 保育士養成講座」統括編纂委員会編『最新 保育士養成講座 第9巻 保育専門職と保育実践』全国社会福祉協議会　2019年
・志村聡子編『はじめて学ぶ乳児保育』同文書院　2019年
・中央法規編『児童福祉六法（平成31年度版）』中央法規出版　2019年

第2章－2
【参考文献】
・河邉貴子・鈴木康弘・渡邉英則編『新しい保育講座 保育内容「健康」』ミネルヴァ書房　2020年
・津金美智子・小野隆・鈴木隆編『新・保育実践を支える 健康』福村出版　2018年

第2章－3
【引用文献】
1）遠藤利彦『赤ちゃんの発達とアタッチメント－乳児保育で大切にしたいこと－』ひとなる書房　2017年　p.42
2）齊藤多江子「1歳以上3歳未満児の保育」無藤隆編『育てたい子どもの姿とこれからの保育－平成30年度施行 幼稚園・保育所・認定こども園 新要領・指針対応－』ぎょうせ

い　2018年　p.79

【参考文献】
・遠藤利彦『赤ちゃんの発達とアタッチメント－乳児保育で大切にしたいこと－』ひとなる
　書房　2017年
・遠藤利彦・佐久間路子・徳田治子・野田淳子『乳幼児のこころ－子育ち・子育ての発達心
　理学－』有斐閣　2011年
・無藤隆・古賀松香編『実践事例から学ぶ保育内容 社会情動的スキルを育む「保育内容 人
　間関係」－乳幼児期から小学校へつなぐ非認知能力とは－』北大路書房　2016年

第2章－5
【参考文献】
・赤羽根有里子・鈴木穂波編『保育内容 ことば（第3版）』みらい　2018年
・川勝泰介・浅岡靖央・生駒幸子編『ことばと表現力を育む児童文化（第2版）』萌文書林
　2018年

第2章－6
【引用文献】
1）西尾実ほか編『岩波国語辞典（第八版）』岩波書店　2019年　p.1325

第5部
【参考文献】
・名古屋市教育委員会・名古屋市指導資料『環境の構成 アイデア・ポイント集～3歳児編～』
　2021年3月（発行予定）

保育者養成校で学ぶ学生のための
保育入門

2021年3月10日　初版第1刷発行

編　　　集	岡崎女子短期大学幼児教育学科
編集委員	山下　　晋
	伊藤理絵
	梅下弘樹
	櫻井貴大
発　行　者	竹鼻均之
発　行　所	株式会社みらい
	〒500-8137　岐阜市東興町40　第5澤田ビル
	TEL　058-247-1227(代)
	FAX　058-247-1218
	http://www.mirai-inc.jp/
印刷・製本	サンメッセ株式会社